1년만
닥치고
영어

일러두기
• 각주는 모두 옮긴이 및 편집자가 붙였으며 저자의 주석은 본문의 괄호 안에 두었다.

1년만
닥치고
영어

모토야마 가쓰히로 지음
이지현 옮김

영포자가
하버드를 가게 된
기적의 독학 훈련

O2O
오투오

미뤄온 영어 공부, 이제는 끝내고 싶다면

일본이나 한국만큼 영어 공부법 책이 많이 출간되고, 영어 교재와 영어 학원에 큰 돈을 들이는 나라도 아마 별로 없을 것입니다. 그런데도 우리는 다른 나라 사람들에 비해 영어를 잘하지 못합니다.

토플TOFEL 점수를 수험생 국적에 따라 나눠보면, 평균적으로 일본은 120점 만점에 70점으로 다른 나라와 비교했을 때 가장 낮은 수준입니다. 참고로 아시아 주요국 중에서 싱가포르가 98점, 인도 91점, 파키스탄 90점, 필리핀 89점, 말레이시아 89점, 한국 85점, 스리랑카 85점, 방글라데시 84점, 네팔 83점, 인도네시아 82점, 북한 82점, 미얀마 79점, 베트남 78점, 중국 77점, 타이 76점 순으로 몽골은 일본과 동점입니다. 나라별 전체 수험생 인원이 다르다는 점을 감안하더라도 일본은 최저 수준임을 부정할 수 없습니다.

저는 업무상 세계 여러 나라를 돌아다녔는데, 고학력의 엘리트 층이 아니더라도 택시 운전수, 호텔 직원, 상점 판매원에 이르기까지 세상에 영어를 자유롭게 구사할 수 있는 사람은 상당히 많았습니다. 반면, 저도 그랬지만 일본에는 도쿄대를 나왔거나 고위 공무원, 언론인 같은 엘리트층 가운데도 영어로 의사소통이 어려운 사람이 너무나 많습니다. 심지어 안타깝게도 영어 교사조차 영어회화 능력이 부족한 게 현실입니다.

2007년도 일본 문부과학성이 실시한 조사에 따르면, 영어검정시험* 준1급, 토익 730점, 토플 550점^{IBT 기준 80점} 이상을 취득한 영어 교사의 비율이 고등학교가 50.6%, 중학교는 26.6%에 불과했습니다.

이 책에서는 '토익^{TOEIC} 900점, 토플 100점!'을 목표로 삼고 있는데, 중학교 영어 교사들은 그보다도 훨씬 낮은 수준인 토익 730점, 토플 80점조차 4명 중 1명 꼴로밖에 달성하지 못하고 있는 것이죠. 이래서 학생들에게 영어를 제대로 가르칠 수나 있을까요? 가르치기는커녕 본인 스스로부터가 영어를 이해하기 버겁지는 않을까요?

....

* 정식 명칭은 '실용영어 검정기능'이며, 보통 '영검'이라고 줄여서 말한다. 초급인 5급부터 4급, 3급, 준2급, 2급, 준1급, 1급까지 총 7단계로 구성되어 있다.

잘 생각해보면, 영어 교사 4명 중 3명은 영어를 거의 이해하지 못한다고 볼 수 있고 나머지 1명, 즉 그나마 나은 교사조차 미덥지 못한 상황입니다. 영어를 가르칠 만한 수준의 교사가 거의 없다고 해도 과언이 아닙니다. 생각보다 훨씬 심각하죠. 따라서 본인부터가 영어를 자연스럽게 구사하지 못하는 교사에게 영어를 배우고 있으니, 우리가 영어에 자신이 없고 영어를 싫어하게 된 것은 어쩌면 당연한 결과가 아닐까요?

영어 콤플렉스가 또 다른 영어 콤플렉스를 낳고, 거액의 국비와 사비를 들여서 영어를 싫어하는 사람을 양산하고 있는 것이 우리의 영어 교육이 처한 현주소입니다. 극단적으로 말하면, 국가 차원에서 국민들을 상대로 영어 교육 '사기'를 치고 있다고 해도 틀린 말은 아닐 거예요.

소위 말하는 일류 대학인 도쿄대 역시 상황은 마찬가지입니다. 저도 대학에서 여러 번 영어 강의를 들어봤지만, 실력이 늘기는커녕 오히려 영어에 대한 거부감만 커졌습니다. 도쿄대를 졸업했어도 영어 실력이 한참 부족한 사람이 많은 이유는 이렇게 잘못된 영어 교육 때문입니다.

저는 이 책에서 소개할 영어 공부법을 독학으로 실천해본 후, 1년 만에 원하던 토플 점수를 받았고 전혀 들리지 않던 영어가 들리기 시작했습니다. 이 공부법을 통해 도쿄대, 그리고 하버드 대학원에 합격할 수 있었고 세계 각국을 누비며 영어로 국제회의를 전담하는 일을 하게 되었습니다. 영어가 트이면서 비즈니스 기회가 많아졌고 다양한 배경의 사람들과 만나면서 인생이 풀리고 풍요로워졌습니다. 예전처럼 영어를 거부하고 싫어하기만 했다면 지금 전혀 다른 인생을 살고 있지 않을까요.

그렇다고 제 영어 실력이 '원어민이라고 착각할 만큼 유창해졌다'는 것은 아닙니다. 저는 영어를 독학하면서 '내가 구사하는 영어가 통하고 목적만 달성할 수 있다면 그것으로 족하다'는 방향으로 생각과 태도를 바꾸었습니다.

사실 이러한 생각의 전환이야말로 진정한 영어 공부의 첫걸음이 됩니다. '영어를 원어민처럼 유창하게 하고 싶다'는 애매한 환상을 버리고 목적에 맞는, 달성 가능한 목표를 설정하는 것이 무엇보다 중요합니다. 그리고 그에 맞는 효과적인 전략을 세우고 현실적으로 지속가능한 학습 시스템을 구축하는 것이 바로 성공의 비결입니다.

그런데 일본과 한국의 영어 교육은 이렇듯 당연한 것을 실천하지 못하고 있습니다. 저도 그러한 영어 교육의 잘못된 사례 중 하나였고요. 이 책에 정형화된 영어 교육의 피해자이자 영어를 끔찍이 싫어했던 제가 고생 끝에 독학으로 영어 능력을 비약적으로 향상시킬 수 있었던 노하우를 담았습니다. 그리고 쉽게 응용할 수 있도록 1년 동안에 학습 목표를 달성할 수 있는 영어 공부법을 '영어 뇌', '전략', '시간', '효율'의 4가지 핵심 요소로 나누어 정리했습니다.

개인적으로 이 책을 읽는 모든 독자가 목표를 달성하고 영어 실력을 쟁취하기를 간절히 바랍니다. 그를 위한 구체적인 방법은 여기에 모두 담겨 있으니까요.

영어 공부를 결심했다가도 금세 좌절하고 영어에 대한 콤플렉스만 키웠던 악순환, 이번에는 탈출할 수 있습니다. 그러기 위해서 부디 이 책에서 소개하는 '1년만 닥치고 영어', 즉 '일닥영어'를 반드시 실천해보시길 바랍니다. 분명히 1년 후에는 몰라볼 정도로 달라진 자신의 모습과 값진 성과를 손에 넣을 수 있을 것입니다.

모토야마 가쓰히로
本山勝寛

CONTENTS

PART 2
구체적이고
확실한 목표를 정하자

PART 3
낮은 속력으로
오래 달리기

PART 4
즐겁게 집중하는 것이 최고의 영어 공부법

PART 5
1년만 실천하면
목표만큼
잘할 수 있는
'일닥영어'

Epilogue
영어가
'어디로든 갈 수 있는 문'을
열어줄 것이다

영어를
싫어했던 내가
1년 만에
하버드를 가다니?

Somehow, it will connect the dots down the road.

그 점들은 어떻게든 이어져, 길을 만들어갈 것이다.

스티브 잡스, 스탠포드대 졸업 축사에서

영어 공부는
특별한 것이 아니다

'나는 영어를 못해.'

'무슨 말을 하는지 도무지 모르겠어.'

제가 하버드를 목표로 치른 영어 시험에서 뼈저리게 느낀 감정입니다. 그야말로 눈앞이 캄캄했죠.

그런데 그로부터 1년 후, 저는 하버드 대학원에 합격했습니다. 목표 이상의 영어 점수가 나왔고 전혀 알아듣지 못했던 영어도 이해할 수 있게 되었습니다. 하버드에서 진행되는 강의도 그럭저럭 따라갈 수 있어서 무사히 졸업도 했습니다.

보통 '하버드'에 다닌다고 하면 왠지 남다른 사람이라고 생각하는데 사실 영어를 습득하는 것 자체는 전혀 특별하지 않습니다. 딱 잘라 말해서 제대로 된 방법으로 자기 나름의 프로세스만 거친다면 누구라도 가능한 것이 영어입니다.

영어는 수많은 언어 중 하나에 불과합니다. 학습과 경험, 노출 빈도에 따라 충분히 습득할 수 있는 기술이자, 의사소통 수단의 하나일 뿐입니다. 저는 1년간 현지 유학을 통해 한국어도 배운 적이 있는데, 영어 공부와 약간의 차이는 있지만 본질은 크게 다르지 않았습니다. 게다가 누구나 초등학교 때부터 영어를 배우고 대학교에 진학해서도 손에서 놓지 않는 '가장 친숙한 언어'이자 '가장 오랜 시간을 들여서 공부해온 교과목' 중 하나입니다. 즉 수학이나 과학, 사회와 별다를 바가 없습니다. 솔직히 회계학이나 경제학, 프로그래밍보다는 훨씬 더 친숙하죠.

그런데도 우리에게는 영어에 대한 '특별의식'이 너무 높아서, '특별한' 사람만 구사할 수 있다는 이미지가 뿌리 깊게 박혀 있습니다. 영어를 꺼리는 가장 큰 원인은 바로 여기에 있어요.

따라서 우리는 제일 먼저 이러한 '특별의식'을 버리고 영어 습득은 '어떤 기능을 습득하는 것에 불과하다'는 사실을 명확하게 인식해야 합니다. 수백만 원을 들여 영어회화 학원에 다니거나 MBA 학위를 취득하기 위해서 유학을 떠나야 가능한 것이 아니라, 효과적인 공부법을 정해 익히고 실천한다면 누구나 영어를 구사할 수 있다고 말입니다. 또한 대개 제대로 된 공부법이라고 해서 뭔가 특별한 비법이 숨어 있을 거라고 착각하는데, 사실 그런 것은 존재하지 않습니다. 지극히 일반적인 공부의 왕도王道를 영어 공부에 적용하면 됩니다.

저는 영어를 끔찍이 싫어했지만 인생의 기로에서 독자적인 공부법을 개발했고 실전에 적용함으로써 영어를 습득하는 데 성공했습니다. 그러한 경험에 기초해 누구나 영어를 구사할 수 있게 만드는 영어 공부법을, 이 책을 통해서 독자 여러분과 나누려고 합니다.

마지막 기회! 이제 누구나 영어를 쟁취할 수 있다

"공부의 왕도를 영어 학습에도 적용하라."

이렇게 말하면, '뭐 특별한 게 없잖아? 김빠지네'라고 생각하실지도 모르겠어요. 하지만 사실 이것이 영어를 습득하는 최고의 요령입니다.

그렇다면 '공부의 왕도'란 무엇일까요?

서점에 가보면 다양한 공부법을 소개하는 책이 줄지어 비치되어 있습니다. 영어도 예외는 아니어서 여러 관점에서 접근한 다양한 공부법이 있으며, 개중에는 어느 한 가지 요소를 강조하는 책도 많죠. 물론 때로는 이렇게 특징적인 공부법을 개인의 목적과 성향에 맞춰 적용하는 것이 효과적일 수도 있습니다. 하지만 무작정 그때그

때 잘 팔리는 책을 구입해서 그 내용을 그대로 시도하는 건 별반 큰 효과를 볼 수 없었을 거예요. 그래서 우리는 뭔가를 학습하고 습득하는 공부의 왕도를 익힌 후에, 그 다음 단계로 다양한 방법과 요령을 적용해나가야 합니다.

저는 전작 『16배속 공부법-단기간에 성과를 내는 승리의 공부 방정식』에서 공부의 왕도라고 할 수 있는 '공부 방정식'을 정리한 적이 있습니다. 공부 방정식은 대략 이런 형식입니다.

공부의 성과=지두력(타고난 머리)×전략×시간×효율

이 공식은 '지두력', '전략', '시간', '효율'의 4가지 요소가 복합적으로 어우러져야 공부의 성과가 높아진다는 의미입니다. 여기서 지두력은 독해력이나 서술 능력, 논리적인 사고력, 암기력, 표현력을 포함합니다. 따라서 지두력을 단련하고 전략과 효율을 높이면서 공부 시간을 늘린다면 공부 성과는 저절로 향상되겠죠.

이렇듯 지극히 당연한 원리인데도 많은 사람들은 이를 실천하지 못하고 있습니다. 공부의 왕도인데도 말이에요.

이는 영어 공부에서도 마찬가지입니다. 저는 이 개념을 실전에 적용하면서 도쿄대 입시를 준비했고, 1년의 독학 끝에 '도쿄대 현역 합격'이라는 타이틀을 손에 넣을 수 있었습니다. 또한 하버드 대학원을 준비하는 과정에서도 동일한 영어 공부법을 그대로 적용하여, 1년 만에 하버드 대학원에 합격하는 영광을 누릴 수 있었습니다.

그전까지는 영어에 전혀 관심이 없었고 심지어 싫어하기까지 했는데도, 공부 방정식에 기초한 공부의 왕도를 실천하자 눈에 보이는 성과를 올릴 수 있었던 것입니다.

반복해서 말하지만 저는 정말 영어를 못했습니다. 그리고 영어를 극도로 싫어했습니다. 유학을 결심하고 처음으로 봤던 토플 시험도 참담하기 그지없었죠. 영어를 알아듣는 것은 물론, 말하는 것도 전혀 불가능했습니다.

그랬던 제가 어떻게 영어를 잘하게 되었을까요? 도쿄대에 갔으니 원래 머리가 좋아서? 절대 아닙니다. 이 세상에는 출신대학과 상관없이, 대학을 나오지 않았어도 영어를 잘하는 사람이 너무나도 많습니다.

주변을 둘러보면 영어를 특별하게 생각하는 사람이 있는데 그런 사람일수록 오히려 영어 습득에 실패하는 경향이 많습니다. 영어 공부는 단순한 학습에 불과합니다. 적확한 방법을 선택하면 누구나 영어 고수가 될 수 있습니다.

물론 개인마다 취향과 목적, 현재 실력에 따라서 방법이 달라지기는 하겠지만 기본 개념은 동일합니다. 그래서 '공부의 왕도'라는 것이며 앞에서 언급한 공부 방정식으로 표현할 수 있는 것입니다. 즉 공부 방정식에 따른 공부법을 실천하기만 하면, 누구나 자유롭게 영어를 구사할 수 있게 됩니다.

'16배속 영어 공부법'
이란?

앞에서 『16배속 공부법』의 공부 방정식을 '공부의 성과=지두력×전략×시간×효율'이라고 소개했습니다. 영어 공부에도 이 방정식을 그대로 적용할 수 있는데 좀 더 이해하기 쉽도록 다음과 같이 표현을 정리해봤습니다.

영어 공부의 성과 = 영어 뇌 × 전략 × 시간 × 효율

여기서는 '지두력'을 '영어 뇌'라는 요소로 바꿔봤습니다. 사실 영어 공부에서도 기본적으로 공부의 왕도를 익히고 실천하는 것이 가장 중요하기 때문에 성과를 높이기 위한 기본적인 요소는 달라지지 않습니다. '지두력', 즉 독해력이나 서술 능력, 논리적인 사고력, 암기력, 표현력 등은 영어 공부에도 필요하죠.

이를 영어 공부의 성과라는 측면에서 생각해보면, '영어 뇌'라고 표현하는 편이 보다 쉽게 이해할 수 있을 거예요. 이렇게 표현한 이유는 실제로 제가 어느 단계에 이르렀을 때 '영어 귀', '영어 뇌'를 실감했기 때문인데, 더 자세한 사항은 뒤에서 소개하도록 하겠습니다.

어쨌든 결론은 '영어 뇌', '전략', '시간', '효율'을 최대화하면 영어 공부의 성과도 최대화된다는 것입니다. 그리고 '16배속 영어 공부법'은 각각의 요소를 지금 상태에서 2배로 끌어올린다면 '2×2×2×2=16배'의 성과를 얻을 수 있다는 의미에서 붙인 이름입니다.

'16배라니 말이 돼?'라고 생각하시는 분도 계시겠죠? 하지만 16 배라는 숫자는 기준 목표치일 뿐, 중요한 것은 4가지 요소를 모두 최대화하는 일입니다.

시중에 알려진 영어 공부법을 살펴보면 효율을 높이기 위한 노하우만 제시하는 경우가 많은데, 이는 학습의 성과를 결정짓는 요소 중 극히 일부만 강조한 것입니다. 아무리 효율을 높여도 충분한 시간을 확보하지 못하면 성과는 나아지지 않습니다.

또한 그저 영어를 잘하고 싶다는 막연한 바람만으로는 소기의 목적을 달성할 수 없죠. 그래서 명확하고 효과적인 전략이 필요하고 영어에 대한 거부감을 없애고 뇌의 모드를 '영어 뇌'로 전환해야 하는 것입니다.

어느 한 가지 노하우를 시도해봤다가 '역시 아니었어'라며 포기하는 악순환에서 빠져나오는 것, 그리고 4가지 요소를 최대화하여 이제까지 하고 싶어도 할 수 없었던 영어 학습의 성과를 극대화시키는 방법이 바로 '일닥영어'입니다.

'일닥영어'의 4요소 극대화!

'일닥영어'에서 영어 공부를 결정짓는 4가지 요소 '영어 뇌', '전략', '시간', '효율'에 관해 살펴보겠습니다. 제가 제안하는 '일닥영어'는 마법 같은 특별한 방법이 아닙니다. 공부의 왕도를 영어 학습에 적용시켜 보다 확실하게, 그리고 전략적으로 영어 능력을 향상시키는 방법이죠.

이 책에서는 영어 공부의 4가지 요소를 어떻게 향상시킬 것인지, 그리고 각 요소와 관련된 구체적인 개념 및 순서를 소개하려고 합니다. 본론으로 들어가기에 앞서, 우선 각 요소가 무엇을 의미하고 전체적인 관점에서 봤을 때 어떤 관계를 맺고 있는지에 대해서 알아보겠습니다.

첫 번째. 영어 뇌

'영어 뇌'는 영어 학습을 위한 잠재적인 능력을 가리킵니다. 영어 학습만이 아니라 공부 전반에 필요한, 공부 방정식에서 '지두력'으로 표현했던 것에 해당하죠. 독해력과 정보 처리 능력, 논리적 사고력, 암기력, 논술력, 표현력, 지식의 양 등을 종합한 총체적 능력을 말합니다. 영어는 정보를 처리해서 이해하고 표현하는 의사소통의 수단이기 때문에 기초적인 능력이 높을수록 학습의 성과도 높아집니다. 그리고 더욱 중요한 것은 영어에 대한 거부감을 없애고 자신의 뇌를 '영어 모드'로 전환하는 일입니다. 자세한 사항은 뒤에서 설명하겠지만 영어 모드로 뇌를 전환하여 '영어 뇌'를 향상시키는 것은 특히 영어에 대한 거부감이 강한 사람에게 아주 중요해요. 이는 제가 알려드릴 약간의 요령을 더하면 크게 어렵지 않습니다.

두 번째. 전략

이 부분 역시 대부분의 학습자가 소홀히 여기기 쉬운데 실은 가장 중요한 요소입니다. 여기서 말하는 전략은 구체적인 학습 목표를 세우고 그 목표를 달성하기 위해서 '무엇을, 어떻게, 얼마나 공부해야 할지'를 상세하고 현실적인 계획을 세워 실천에 옮기는 것을 가리킵니다. 많은 사람들이 '영어를 잘하는 사람은 왠지 멋있어 보여', '언젠가 나도 영어를 잘할 수 있을까?'라는 막연한 환상과 희망을 갖습니다. 그러다가 어느 날 갑자기 '영어 공부를 한번 해볼까!'라며 최신 영어책을 사서 읽는데, 이런 경우는 대개 작심삼일에 그치고 말아요. 혹시 여러분도 이러한 실패를 되풀이하고 있지는 않으신가요?

전략 없이 임기응변식의 학습으로는 영어 공부에 절대로 성공할 수 없습니다. 그저 막연하게 '영어를 잘하고 싶어!'가 아니라, 이를테면 '내년 4월까지 영어 시험에서 ○○점을 받을 거야', '1년 후에는 할리우드 영화를 자막 없이 보고 싶다!', 또는 '2년 후에 해외 발령이 날지도 모르는데, 그때는 영어로 비즈니스를 성사시켜야지' 등 목표를 명확히 하고 기한을 설정해야 비로소 효과적인 전략과 구체적인 계획을 세울 수 있습니다. 그리고 그렇게 탄탄한 기반 위에서 비로소 지속적이면서도 실현 가능성이 높은 학습을 수행할 수 있지요. 많은 사람들이 영어 공부에 실패하는 이유는 언어적인 재능이 없어서가 아닙니다. 전략적인 요소가 부족하기 때문이죠.

세 번째. 시간

이 역시 뭔가를 배우려 할 때 빠뜨릴 수 없는 요소입니다. 시중에는 이 '시간'이라는 요소를 무시한 채, 특별한 방법만 실천하면 마법처럼 영어를 유창하게 구사할 수 있다고 주장하는 영어 학습서들이 있습니다. 그러나 이는 잘못된 방법이에요. 어떤 공부든 일정한 시간을 들여야 성과를 낼 수 있습니다. 그리고 그 성과는 투입한 시간에 비례하여 나타납니다. 특히 어학에서는 그러한 경향이 훨씬 더 뚜렷합니다.

반대로 말하면, 아무리 언어적인 재능이 부족해도 충분한 시간을 투자하면 누구나 영어 실력을 갖출 수 있다는 뜻입니다. 논술력은 차치하더라도 학력에 상관없이 영어권에 일정 기간 이상 거주하고 오랫동안 영어에 노출되면 따로 공부를 하지 않아도 영어를 구사할 수 있게 됩니다. 사실 우리가 어학 학습에서 가장 부족한 것은 시간이에요. 따라서 시간을 얼마나 확보할 수 있느냐, 그리고 얼마나 많은 시간 동안 영어에 노출되느냐가 승부를 가르는 열쇠가 됩니다. 그래서 영어 학습을 위한 시간을 확보하려면 요령이 필요해요.

하지만 누가 바쁜 와중에 '좋아하지도 않는 영어'에 시간을 들이고 싶겠어요? 이를 다양한 요령과 노하우로 극복하고 지속적으로 많은 시간을 확보하는 구체적인 방법도 뒤에서 자세히 소개하겠습니다.

마지막. 효율

기존의 영어 학습서는 대부분 효율에 대해서 다뤘습니다. 물론 효율도 중요합니다만, 우리는 중학교부터 대학교 때까지 자그마치 10년 동안이나 영어를 배워왔습니다. 그래도 영어를 못한다는 지적을 받고 있죠. 이는 영어 교육이 문법과 번역 중심인데다가, 다루는 교재마저 입시 위주인 경우가 많아 따분해서 실전 영어를 향상시키는 데에는 비효율적이기 때문입니다. 문법적으로 잘못된 곳을 수정하고 정확하게 번역할 수 있다는 측면에서는 좋을지 몰라도 실제 영어 능력을 높이는 데 효율적인 방법은 따로 있습니다.

사람은 무엇보다 자신이 좋아하고 즐거운 일을 할 때 엄청난 집중력을 발휘하게 됩니다. 영어 공부도 마찬가지예요. 효율적이면서도 기분 좋게 즐기면서 집중력을 높일 수 있다면, 똑같은 시간을 투자해도 훨씬 더 효율적인 학습을 기대할 수 있습니다.

사실 위에서 설명한 '영어 뇌', '전략', '시간', '효율'은 그동안 영어 공부에서 소홀하게 여겨졌던 요소들입니다. 하지만 이 4가지 요소를 확실하게 끌어올릴 수 있다면, 반드시 눈에 띄는 성과가 나타날 거예요. 지금까지 영어 공부를 하면서 이중에서 자신에게 부족한 것은 무엇이었는지를 다시 한번 정리해보세요. 그리고 부족한 요소를 향상시키면서 동시에 위의 4가지 요소를 최대화한다면, 이번에야말로 실패의 악순환에서 벗어나 성공의 길로 나아갈 수 있을 것입니다.

16년간 안 됐던 영어가 1년 만에 가능해진다

이 책의 제목은 『1년만 닥치고 영어』입니다. 제목대로 1년 안에 영어 공부의 성과를 내자는 것이 이 책의 목표입니다.

이론적으로는 '영어 공부의 성과=영어 뇌×전략×시간×효율' 에 기초해 4가지 요소를 각각 2배로 향상시켜 '2×2×2×2=16배'를 만든다는 계산입니다.

좀 더 현실적으로 설명해볼까요? 영어 뇌를 향상시켜 영어에 대한 거부감을 없애고, 전략을 세워서 지속 가능성을 이끌어내면, 틈새 시간을 포함해 즐겁게 공부할 수 있는 학습 '시간'을 단숨에 5배 이상으로 늘릴 수 있습니다. 그런 후에 '영어 뇌'를 1.5배, '전략'을 1.5배, '효율'을 1.5배로 향상시키면 '1.5(영어 뇌)×1.5(전략)×5(시간)×1.5(효율)=16.875'로 영어 공부의 성과를 지금의 약 16배 이상으로 끌어올릴 수 있습니다.

물론 '그런 건 탁상공론에 불과해'라고 말하는 사람도 있겠지만 저는 그렇게 생각하지 않아요. 예를 들어, 적어도 중학교 3년, 고등학교 3년, 그리고 다수의 사람들이 대학교 4년 동안 영어를 공부합니다. 이것만 해도 벌써 10년이에요. 그리고 어엿한 사회인이 되어 취직을 하고 나서도 '영어 공부를 해야 돼! 영어 공부!'라며 2년,

4년, 6년의 시간을 보냅니다. 최근에는 초등학교에서도 영어 수업을 도입하고 있고 대학에서도 '글로벌 인재를 기르자!'며 영어 교육에 힘쓰고 있지만, 초등학교에서 대학교까지 16년간의 긴 시간을 쏟아부었음에도 정규 교육으로 영어를 잘하게 되었다는 말은 들어본 적이 없습니다.

결국 아무런 소득도 없이 허송세월만 보냈을 뿐, 16년이라는 시간을 들였어도 영어를 까마득하게 느끼는 사람이 많습니다. 그러나 '일닥영어'를 실천해 '영어 뇌', '전략', '시간', '효율'의 요소를 최대화할 수 있다면, 16년 동안 해도 해도 안 됐던 것을 1년 만에 가능하게 할 수 있습니다. 단 1년 만에 영어 공부의 성과가 눈앞에 나타나는 것입니다.

실제로 저는 도쿄대에서 보낸 학부 4년 동안 '영어는 정말 싫어!'라며 어쩔 수 없이 영어 강의를 들으면서도 실력은 전혀 나아지지 않았는데, 이 책에서 소개하는 기적의 독학 훈련을 실천하고서는 불과 3개월 만에 성과가 나타나기 시작했습니다. 그리고 하버드 대학원에 들어가는 데 필요한 영어 점수를 1년 만에 따냈습니다.

이는 저뿐만 아니라 영어 공부에 성공한 많은 사람들이 거쳤던 프로세스입니다. 10년 후, 20년 후처럼 먼 미래에 대한 목표는 막연해서 실패할 확률이 높지만, 비교적 계획을 세우기 쉬운 1년 후를 목표로 설정하고 그 기간 동안 집중하면 보다 수월하게 성공할 수 있습니다.

그래서 이 책에서는 '16년간 해도 안 됐던 영어를 1년 만에 가능하게 하자!'는 목표를 세운 것이고 모든 독자들이 그 목표를 달성하기를 바랍니다. 제가 소개하는 영어 공부법이 구체적인 실천 방법을 제시할 거예요. 이제 그 4가지 요소인 '영어 뇌', '전략', '시간', '효율'에 대해서 하나씩 자세하게 살펴보도록 하겠습니다.

PART
1

영어 뇌

발상의
전환이야말로
영어 공부의
첫걸음

Study without desire spoils the memory,
and it retains nothing that it takes in.

목적 없는 공부는 기억에 해가 될 뿐이며,
머릿속에 들어온 어떤 것도 남지 못한다.

레오나르도 다빈치 *Leonardo da Vinci*

'영어가 뭐 별건가?' 부터 시작하자

'일당영어'의 4가지 요소인 영어 뇌, 전략, 시간, 효율 중에서 우선 '영어 뇌'에 대해서 살펴볼까요?

앞에서 언급했듯이 영어 뇌란 영어 공부를 위한 잠재적인 능력을 말합니다. 공부 전반에 필요한 지두력에, 소위 말하는 '언어적인 감각'을 가미한 요소라고 생각하면 좋을 거예요. 좀 더 자세하게 분해해보면, 독해력과 정보 처리 능력, 논리적인 사고력, 암기력, 논술력, 표현력, 지식의 양 등을 종합한 능력을 가리킵니다.

영어는 정보를 이해하고 이를 뇌 내에서 가공하여 표현하는 의사소통 수단입니다. 그래서 이를 위한 기초적인 능력을 향상시킬수록 공부의 성과는 높아집니다.

반대로 말하면, 영어는 단순한 '정보 처리'일 뿐입니다. 한국어나 일본어와 마찬가지로 수많은 언어 중 하나일 뿐, 원어민이라면 누구나 모국어를 구사할 수 있듯이 영어도 익숙해지기만 하면 누구나 자유롭게 소통할 수 있습니다.

그런데 우리는 다른 언어에 비해 유독 영어에 대한 거부감, 특별 의식을 가지기 십상입니다. 저 역시 그 중 한 명이었고요. 대부분 '영어를 잘하려면 외국에서 살다 와야 한다', '우리나라에서 태어나고 자란 사람은 불가능하다'는 잘못된 고정관념을 가지고 있습니다. 영어는 단순한 정보 처리에 지나지 않으며 우리가 해야 할 다양한 공부 중 하나일 뿐이에요. 그래서 '영어가 뭐 별건가?'라는 마음가짐으로 영어에 대한 거부감과 특별 의식을 없애는 것이 가장 중요합니다.

여기서 말하는 '영어 뇌'는 이렇게 영어에 대한 거부감을 불식시키는 것에서부터 시작합니다. 자기도 모르는 사이에 생긴 영어에 대한 거리감과 높은 장벽이 사라지고 영어와 가까워지는 것이죠.

실제로 러시아어나 프랑스어, 아랍어와 비교해보면, 우리에게 영어가 얼마나 친숙하게 느껴지는지 금세 알 수 있습니다. 영어를 잘하기 어렵다고 생각은 해도, 어렸을 때부터 가까이 접해왔기에 기본적인 지식을 가지고 있기 때문입니다.

만일 눈앞에 영어와 아랍어가 있다면, 당신은 어느 쪽을 더 편하게 느낄까요? 틀림없이 영어일 거예요. '아, 영어도 있어서 다행이다'라는 생각이 들 것입니다. 이렇게 의식을 전환하여 영어에 대한 거부감을 없애고 허들을 낮춤으로써, 뇌가 '영어 모드'로 전환하기 위한 준비체조를 하게 합니다. 그리고 이것이 '영어 뇌'를 발달시키기 위한 중요한 첫걸음이 됩니다.

세계에서 두 번째로 많이 사용되는 영어, 나라고 왜 못하겠어?

세상에 영어를 사용하는 사람은 몇이나 될까요? 따져 보면 그 수가 약 17억5천 명에 이른다고 해요. 70억 인구에서 4명 중 1명은 영어를 사용한다는 것입니다. 그런데 그중에 원어민은 약 3억9천 명으로 나머지 약 13억6천 명은 원어민이 아닌, 즉 제2언어 또는 제3언어로 영어를 사용하는 사람들이라고 합니다. 영어 인구의 80%가까이가 원어민이 아닌 것입니다.

보통 우리는 '영어회화가 가능하다'고 하면 원어민처럼 막힘없이 유창하게, 그리고 정확한 발음(그렇게 착각하죠)으로 이야기하는 모습을 떠올리기 마련입니다. 그런데 실제 영어 인구의 대부분은 각자 특유의 버릇이 있고, 잘못된 문법을 써도 별로 개의치 않아요.

『세계가 만일 100명의 마을이라면』(이케다 가요코, 매거진 하우스 엮음)이라는 책에는 이런 문구가 있습니다.

세계가 만일 100명으로 이루어진 마을이라면……

70명은 글을 읽을 수 없습니다.

1명만이, 그렇습니다, 단 1명만이 대학 교육을 받아……

세계가 만일 100명으로 이루어진 마을이라면, 글을 읽을 수 있는 사람은 30명, 대학 교육을 받을 수 있는 사람은 1명밖에 없습니다. 그런데 영어를 사용하는 사람은 25명이나 된다는 거예요. 결국 보다 넓은 관점에서 보면, '영어를 사용하는 것'은 대학을 졸업하는 것보다 훨씬 더 쉽고 그런 기회를 더 많이 얻을 수 있으며 글을 읽을 수 있는 것과 비슷한 수준이라는 뜻입니다.

사실 이러한 통계 비교는 지나치게 단순화된 측면도 있습니다만 영어가 세계에서 가장 많이 사용되고 있는 언어임에는 틀림이 없죠. 결코 특별한 사람만 가능한 것이 아닌, 지극히 평범한 사람 누구라도 학습을 통해서 습득할 수 있는 언어라는 것입니다. 게다가 원어민이라고 해서 반드시 완벽한 영어를 구사하지도 않고, 제2언어로 사용하는 사람들도 문법은 다소 틀리더라도 개의치 않고 사용합니다.

제가 '영어가 뭐 별건가?'라고 반복해서 강조하는 이유는 세계 각국에서 이런 태도가 당연시 되고 있음을 여러 번 깨달았기 때문입니다. 선진국뿐만 아니라 개발도상국에 가보면 대학을 나오지 않은 택시 운전수나 상점 판매원도 아무렇지 않게 영어로 말을 건넵니다. 물론 복잡한 구조의 문장이나 영어 단어는 제대로 사용하지 못할 수도 있겠지만 그래도 주눅 들지 않고 당당하게 영어를 말합니다.

어쨌든 인구 70억 명 가운데 4명 중 1명은 영어를 사용합니다. 이는 대학을 졸업한 인구보다 훨씬 더 높은 비율입니다. 일본에서는 2명 중 1명이 대학을 졸업합니다. 그러니 4명 중 1명이 아니라 인구의 절반이 영어를 사용할 수 있다고 해도 결코 이상한 일은 아닐 거예요. 그런데도 영어를 못하는 사람이 꽤 많습니다. 바로 영어에 대한 지나친 특별 의식과 거부감 때문입니다.

영어는 결코 특별하지 않아요. 70억 명 가운데 4명 중 1명이 사용하는 지극히 평범한 언어입니다. 따라서 일단 '나도 할 수 있어!'라는 사고의 전환에서부터 영어 공부는 시작됩니다.

세상에 '진짜 영어'는 없다

우리는 어렸을 때부터 '올바른 영어', '원어민 영어', '본토 영어'라는 말을 지나치게 의식해왔습니다. 원어민 발음과 '다르다'는 지적에 민감하게 반응해, 억지로 발음만 연습하거나 문법이 틀린 곳을 찾아내 고치는 등 '올바른 영어'를 습득하는 데 집중해왔죠.

즉 지나치게 '올바른 영어'를 추구한 나머지 '틀린 영어를 사용하면 안 된다'는 강박관념에 사로잡히게 된 것입니다. 입 밖으로 영어를 내뱉기도 전에 '이 표현이 틀린 건 아니겠지?', '발음이 나빠서 듣기에 우습지는 않을까?', '시제랑 인칭을 맞게 쓰고 있는 건가?'라며 전전긍긍합니다. 그 결과, 틀릴까봐 겁이 나서 영어를 쓸 기회를 놓치고 점점 사용하지 않게 됩니다.

하지만 보다 넓은 세계로 나가서 영어를 사용하고 있는 현장을 둘러보세요. 세계 각국에서 13억 이상의 사람들이 영어를 사용한다고 하지만, 사실 이들 모두가 '원어민 영어'를 사용하는 것은 아닙니다. 인도에서는 힌디어의 억양이 섞인 '인글리시 Inglish'로 따발총을 쏘는 듯한 영어를 사용합니다. 영어권 아프리카에서 사용하는 영어도 우리가 할리우드 영화에서 듣는 그런 영어가 아닙니다. 또한 세계 여러 나라에서 활약하는 수많은 한국인 유학생이나 비즈니스맨들도 '한국인은 다양한 발음이 가능하다'며 자랑스럽게 이야기하지

좀 틀리더라도 신경 쓰지 말고 영어로 말하기

만, 그들도 자신들만의 독특한 '콩글리시^{Konglish}'를 사용합니다. 미국의 스페인어권 지역에 사는 중남미계 사람들도 'You'를 '주'라고 발음하고 엉터리 문법을 구사하면서도 당당하게 영어로 말을 건넵니다. 저는 유엔 기관의 직원들과 함께 일하는 경우가 많았는데 높은 직책을 맡은 사람들 중에도 영어 발음이 좋은 사람은 그다지 많지 않습니다.

그렇습니다. 세계 각국에서 반드시 '원어민 영어'만을 사용하는 것은 아닙니다. 그리고 그들은 '올바른 영어'가 아니더라도, 설령 문법적으로 틀렸다고 해도, 대부분 겁먹지 않고 두려워하지 않고 당당하게 영어로 말합니다.

게다가 원어민 영어라고 해서 다 똑같은 것도 아니에요. 미국인은 영국식 영어를 우습게 생각하고 영국인은 미국식 영어를 얕보는 경향이 있습니다. 미국 내에서도 사투리 영어가 무수히 많기도 하고요. 이렇듯 세상에는 다양한 영어가 존재합니다. 그렇다면 도대체 우리가 어렸을 때부터 집착해온 '진짜 영어'란 무엇일까요?

일본어 억양이 섞인 '쟁글리시^{Janglish}'든 잉글리시든 콩글리시든 뭐든 사용해도 괜찮지 않을까요? 원어민이 사용할 법한 표현이 아니더라도 알고 있는 단어와 간단한 문법을 활용해서 영어를 구사해도 상관없지 않을까요? 외국에서 통용되는 영어는 대부분 그런 방식입니다.

제가 제안하는 '영어 뇌'를 향상시키는 첫걸음은, '진짜 영어'에 대한 속박과 틀린 영어를 사용해서는 안 된다는 강박관념에서 벗어나 영어에 대한 유연한 사고를 가지는 것입니다.

영어는 결코 대단한 것이 아니에요. 지극히 평범한 사람들이 세계에서 가장 많이 사용하는 언어일 뿐입니다. 그리고 세상에 '진짜 영어'는 없습니다. 문법이 조금 틀려도 발음이 조금 독특해도 다들 개의치 않고 사용하죠. 그러므로 좀 틀리더라도 신경 쓰지 말고 영어로 말해보세요. '진짜 영어'가 아니라, 영어를 '진짜로 사용'할 수 있으려면 이러한 발상의 전환부터 시작해야 합니다.

영어에 자신의 '관심'과 '특기'를 연결한다

'영어에 대한 발상을 전환하고 거부감을 없앤다'

말로는 이해가 되지만 막상 실제로 뇌의 모드를 영어 뇌로 전환하기란 그리 쉬운 일이 아니에요. 10년에서 16년이라는 오랜 기간 동안 받아온 영어 교육의 잔재가 뿌리 깊게 남아 있기 때문입니다.

이러한 의식을 바꾸기 위해서는 자기가 가지고 있는 능력을 충분히 활용해야 합니다. 즉 자신의 관심 분야나 특기를 영어와 연결시키는 거예요.

이를테면 독서를 좋아하는 사람은 영어책을 읽고, 음악을 좋아하는 사람은 영어 음악을 들으세요. 만화를 좋아한다면 영어로 된 만화책을 읽고, 영화를 좋아한다면 자막 없이 영화를 감상하세요.

외향적인 사람은 기회가 된다면 외국인과 대화를 나누고 일기나 블로그를 자주 쓰는 사람은 영어로 글을 써보세요. 요리를 잘하거나 맛집을 좋아하는 사람은 세계 각국의 요리에 대해서 영어로 정리하거나 요리 동영상을 시청해보는 것도 좋습니다. 패션을 좋아하는 사람은 영문 패션 잡지를 보거나 관련 동영상과 예능 프로그램들을 영어로 시청할 수 있겠죠. 스포츠를 좋아하는 사람은 메이저리그나 NBA, 해외 축구 방송을 영어로 시청하고, IT 분야에 관심이 많은 사람은 최신 IT 정보나 IT 기업의 동향을 영어로 확인하세요. 비즈니스에 관심이 많은 사람은 해외 비즈니스 정보를 영어로 수집하고 공부하는 것도 추천합니다.

이렇게 특기와 관심 분야, 배경지식 등 기존에 자기가 가지고 있던 '지두력'을 최대한으로 활용하면 영어에 대한 거부감이 줄어들고 영어가 보다 친숙하게 느껴져 학습 효과를 높일 수 있습니다.

기존의 영어 교육이 실패한 이유는 따분한 영어 교재를 모든 사람에게 천편일률적으로 강요해왔기 때문이에요. 영어 교재에 등장하는 중간 난이도의 영어 문장이나 흔한 인사말 등은 어떤 누구에게도 흥미롭지 않으니까요. 사람은 재미없거나 관심이 없는 것에는 절대로 시간을 쏟지 않습니다. 하지만 좋아하는 것, 재미있는 것, 관심이 있는 것에는 엄청난 흡수력을 발휘해 기존의 지두력을 최대한으로 활용하게 됩니다.

아무튼 이때 중요한 것은 영어에 대한 거부감과 심적인 거리감을 없애는 일입니다. '영어는 어려운 것'이라는 선입견에서 벗어나 '익숙한 것, 즐거운 것, 재미있는 것'이라는 이미지를 머릿속에 심어주세요.

음악을 들으면서 '이미지'와 '감정'을 영어와 연결한다

음악을 즐겨 듣는다면 좋아하는 외국 가수의 음악을 듣고 가사를 음미하고 외우면서 영어와 연관 지어보세요. 제가 고등학생, 대학생일 때만 해도 유튜브YouTube나 아이튠즈iTunes가 없었습니다. 그래서 비틀즈The Beatles, 롤링스톤스The Rolling Stones와 같은 밴드의 CD를 빌려 반복재생하면서 노래방에서 부를 수 있을 정도로 가사를 달달달 외웠던 기억이 있습니다. 지금은 유튜브에서 좋아하는 가수의 노래를 검색창에 입력만 하면 얼마든지 들을 수 있죠. 게다가 동영상도 있어서 훨씬 더 생동감 있게 즐기면서 영어를 접할 수 있습니다.

앞으로 좋아하는 가수나 노래를 유튜브에서 검색할 때는 'sub-titles자막' 또는 'lyrics가사'를 함께 검색창에 넣어서 찾아보세요. 노래와 동영상에 연상되어 영어 가사가 직접적으로 머릿속에 입력되면 굳이 모국어로 번역하지 않아도 영어 가사 그 자체를 통해서 감동을 받을 수 있습니다. 이렇게 이미지나 감정을 영어와 연결시키는 것은 영어에 대한 긍정적인 이미지를 만들고 '영어 뇌'를 형성하는 데 매우 중요합니다.

가령, 유튜브에 접속해서 'John Lennon subtitles'라고 검색하면 존 레논의 대표곡인 'Imagine'의 뮤직 비디오가 영어 자막과 함께 나올 거예요. 존 레논의 목소리와 동영상은 물론, 'Imagine'의 가사가 눈을 통해 뇌에 직접 입력되면 중학교 수준의 간단한 영어 가사를 굳이 우리말로 번역하지 않아도 감동을 느낄 수 있고, 이내 머릿속에서 떠나지 않게 됩니다.

이제 자신이 존 레논이 되었다고 생각하고 영어로 노래를 불러봅시다. 화면 아래에 표시된 영어 가사를 보고 불러보세요. 물론 모르는 영어 단어가 나왔다면 그 의미를 찾아보는 것도 좋습니다. 하지만 모든 문장을 일일이 모국어로 번역할 필요까지는 없어요. 영어 가사를 있는 그대로 느끼면 됩니다. 이렇게 노래를 부르다 보면 어느 샌가 영어 가사가 자연히 외워질 거예요. 그리고 어느 날 샤워를 하다가 문득 그 노래가 생각난다면 기분 좋게 영어로 부를 수 있겠죠.

영어 공부를 위해서 영어 가사를 외우는 것도 물론 도움이 되지만, 일단 여기서 중요한 것은 영어에 대한 긍정적인 이미지를 갖고, 영어 뇌가 활성화되는 체험을 반복하는 일입니다. 그리고 영상과 목소리를 통해서 자극되는 이미지와 감정의 변화를 영어 가사와 직접적으로 연결하는 일입니다. 이러한 체험의 반복이 '영어 뇌'의 활성화로 이어지기 때문이에요.

만약 여러분이 '올해야말로 영어를 정복하고 말겠어!'라고 다짐하고 글만 잔뜩 실린 어려운 영어책이나 정형화된 따분한 영어 교재를 보기 시작한다면, 많은 사람들이 그랬듯 영어에 대한 부정적인 이미지와 거부감만 가중될 거예요. 오히려 좋아하는 외국 가수의 노래를 찾아 듣고 이미지와 감정을 영어 가사와 직접적으로 연결시켜 '영어 뇌'를 단련하는 것이 훨씬 더 중요합니다.

영화와 드라마의 희로애락을 영어로 직접 느낀다

영화나 드라마는 음악과 마찬가지로 즐기면서 공부할 수 있다는 측면에서 적극적으로 활용하면 좋아요. 실제로 저는 영어만이 아니라 한국어를 공부했을 때도 한국 드라마와 영화를 수도 없이 찾아 봤습니다.

한국어는 1년간 현지에서 어학연수를 하면서 한국어능력시험의 최상급인 6급을 땄는데, 이때 드라마와 영화가 큰 도움이 되었습니다. 일본에서 '욘사마'로 엄청난 인기를 얻은 배용준이 출연한 〈겨울연가〉에도 푹 빠졌죠. 1년 동안 거의 매일같이 영화와 드라마

● 내가 좋아하는 것 또는 관심 있는 분야를 영어로!

를 찾아봤고 한번 빠지면 밤을 새우는 일도 적지 않았습니다.

밤을 새워서 드라마 전편을 시청하면 그것만으로도 10시간 이 상은 원어민 발음에 노출되는 셈이죠. 재미없는 어학용 CD교재는 10분만 들어도 집중이 안 되고 고통스러운데, 단 하루 만에 그의 60 배나 되는 시간 동안 영어에 자신을 노출할 수 있습니다. 게다가 즐 기면서 봐서 그런지 내용을 이해하기에도 어려움이 없습니다. 영화 와 드라마에 빠지면 1년으로 완성하는 영어도 더 이상 이룰 수 없 는 목표가 아닙니다.

보통 '미드'하면 가장 먼저 〈프렌즈Friends〉가 떠오를 거예요. 이 드라마를 소재로 한 영어 학습서가 출판될 정도로 제 주변에도 〈프 렌즈〉로 공부한 사람이 많습니다. 그만큼 DVD도 쉽게 구입할 수 있고요.

드라마가 영어 공부에 좋은 이유는 동일한 등장인물이 계속 출 연해 그 사람의 영어 발음이나 표현에 서서히 익숙해진다는 점입니 다. 또한 한번 빠지면 자꾸 보고 싶어질 뿐만 아니라, 생활 영어를 들을 수 있어서 실용적입니다. 희로애락도 직접 영어로 느낄 수 있 지요.

영어 뇌를 형성하는 데는 영문법을 이해해가면서 단어를 꼼꼼 히 찾고 의미나 활용법을 100% 이해하는 것보다(물론 이런 과정도 필요하지만, 우리는 교과과정을 통해 이런 훈련이 충분히 되어 있습니다.) 일단 영어 그 자체에서 감정 변화를 느끼는 것이 중요합니다. 감정이 영어와 직접 연결됨으로써 영어에 대한 장벽이 사라지기 때문이에요.

하지만 초급 학습자에게 드라마와 영화는 다소 어려울 수도 있습니다. 은어나 비속어가 걸림돌이 되기 때문이에요. 이런 경우에는 영어 자막이 표시되는 DVD를 선택하세요. 청각만이 아니라 시각으로도 영어를 좇다 보면 의미를 쉽게 이해할 수 있고 기억하기에도 편리할 거예요. 무엇보다 내용을 이해하면서 즐겁게 공부를 지속하는 것이 가장 중요합니다.

만일 자막을 보면서 내용이 이해가 되었다면, 그 다음은 자막을 없애고 다시 한 번 시청하세요. 특히 좋아하는 영화라면 여러 번 반복해서 보는 것도 좋습니다. 그러다 보면 영어를 직접적으로 이해할 수 있고 영어 뇌를 단련하는 데 큰 도움이 됩니다.

공부를 시작한 지 6개월 정도까지는 영어 자막을 함께 보고 '영어 뇌'와 '영어 귀'가 어느 정도 형성되었다면, 서서히 레벨을 높이는 차원에서 그 이후부터는 자막을 없애고 보세요. 단, 절대로 더빙판은 보지 마세요. 영어 자막이 있어도 내용이 전혀 이해가 안 돼서 집중할 수 없다면, 이런 경우에만 초기에 영어 음성을 들으면서 우리말 자막을 설정합니다. 이때에는 영어 음성에 귀를 기울이면서 시청하세요. 서서히 영어에 익숙해지고 공부를 시작한 지 2~3개월 정도가 지났다면 우리말 자막을 영어 자막으로 바꿔 시청하고, 그 다음에는 자막을 없애고 영어 음성만 듣는 등 단계별로 레벨을 높여나가세요. 또는 동일한 영화를 첫 번째에는 영어 자막으로, 두 번째에는 우리말 자막으로, 세 번째에는 자막 없이 보는 등 다양한 방법으로 여러 번 시청하는 것이 좋습니다.

그럼 1년 후에는 우리말 더빙은 물론, 자막 없이도 영화를 영어로 즐기는 자신의 모습을 발견하게 될 거예요.

부담스럽거나 관심도 없는 것을 무리해서 고집하기보다는 이처럼 잘하는 분야나 좋아하는 분야를 골라 흠뻑 빠질 수 있게 하는 편이 훨씬 효과적입니다.

만화로도 영어회화를 배울 수 있다

영화나 드라마는 주로 듣기와 회화를 위한 방법으로, 이런 매체를 좋아하는 사람에게는 적극 추천하고 싶습니다. 그런데 듣기에 취약한 사람, 특히 초급자에게는 다소 어렵게 느껴질 수도 있어요.

이런 경우에는 '만화를 영어로 읽는 공부법'을 제안하고 싶습니다. 어느 정도 듣기 실력이 필요한 영화나 드라마보다 그림을 보면서 짧은 문장을 읽는 만화책의 진입 장벽이 낮기 때문이에요. 게다가 찾아보면 한국에도 잘 알려진 일본 만화 중에는 영어로 번역된 것이 생각보다 많습니다. 원래부터 좋아하는 만화 작품이 있다면 영어판을 사서 읽어보세요.

예를 들어, 일본의 유명한 만화 『원피스』는 영어로도 출판되어 있어서 아마존에서 손쉽게 구할 수 있습니다. 만화책에 등장하는 영어 표현은 짧고 간단한 편이지만 일상생활에서 사용하는 표현을 비롯해 외국인에게 다소 낯설 수 있는 은어와 비속어가 많습니다. 그래서 살아 있는 영어를 이해하는 데 큰 도움이 될 거예요. 그리고 영화나 드라마처럼 영어로 만화를 즐기고 만화 속의 희로애락을 영어로 음미하는 과정은 영어 뇌를 형성하는 데 매우 중요합니다.

표현이나 단어를 몰라도 전반적인 줄거리와 내용을 이해한다면, 대충 넘기면서 읽어도 좋고 사전을 찾아가면서 읽어도 좋아요. 만화책의 장점은 자기 페이스대로 읽을 수 있다는 것이니까요.

그리고 만화에 한번 빠지게 되면 영어든 뭐든 계속해서 읽고 싶어지기 때문에 영어를 지속적으로 즐기면서 자연스럽게 접할 수 있습니다. 영어 뇌를 형성하는 데 이런 경험만큼 효과적인 것도 없지요.

『원피스』만 해도 양이 상당하지만 영어로 출간된 다른 유명한 작품도 많으니 찾아서 읽어보길 바랍니다. 만화 공부법에 관해서는 『머리가 좋아진다! 만화 공부법』(국내 미출간)에 자세하게 기록했으니 참고하면 좋을 거예요. 실제로 서점에 가보면 『드래곤볼』, 『배가

본드』, 『몬스터 MONSTER』, 『히카루의 바둑』, 『노다메 칸타빌레』, 『나나 NANA』, 『데스 노트 DEATH NOTE』 등 다수의 만화가 영어판으로 출판되어 있습니다. 예전에 읽어봤던 작품, 혹은 애니메이션이나 드라마로 제작된 작품을 본 적이 있다면 전반적인 내용을 이미 알고 있을 테니 영어로도 쉽게 이해할 수 있을 거예요. 이와 반대로 처음 읽는 만화일 경우에는 '순수하게 작품을 즐긴다'는 설레는 마음으로 영어를 접할 수 있겠죠?

만화책을 활용한 영어 공부법으로 만화에 나오는 대사를 실제로 소리 내어 읽는 방법도 제안합니다. 마치 자기가 만화 주인공이나 등장인물, 성우가 되었다고 가정하고 음독하는 것입니다. 그러면 영화나 드라마를 시청하는 것과 달리, 영어회화와 말하기 연습에 도움이 됩니다. 만화책에 나오는 대사는 비교적 짧은 게 많아서 무리하지 않아도 '읽는다'기보다 '이야기한다'에 가깝게 음독할 수 있어요. 그리고 줄거리나 작품 속의 희로애락을 더욱 밀접하게 느낄 수 있어서 훨씬 더 효과적으로 기억에 각인됩니다.

영어판 만화책을 읽으려 했더니 모르는 단어가 많아 진입 장벽이 높게 느껴졌던 사람은 좀 더 편한 방법으로 도전해보세요. 바로 영어 대역판을 읽는 것입니다.

대사는 영어지만 우리말이 병기되어 있어서, 기본적으로는 영어로 작품을 즐기면서 음독하고, 의미를 이해할 수 없는 단어나 문장이 나오면 그 페이지의 우리말 대역을 살짝 확인하세요. 또는 그 자리에서 바로 사전을 찾는 것이 아니라 접착식 메모지를 붙여두었다가 나중에 확인하세요. 이렇게 하면 스트레스 받지 않고 '만화 즐기기'에만 집중할 수 있습니다.

이렇듯 '영어를 공부한다'가 아니라 '영어로 즐긴다'고 생각하는 것이 영어 뇌 활성화에 가장 좋습니다.

참고로 대역판으로 출판된 일본 만화 작품으로는 『도라에몽』, 『사자에 씨』, 『진격의 거인』, 『노다메 칸타빌레』, 『소년 탐정 김전일』, 『천재 바카본』, 『GTO』, 『겐지이야기-아사키유메미시』, 『치하야후루』, 『지팡구』, 〈시마 코사쿠 시리즈〉 등이 있습니다. 아마존에서 'bilingual comics'로 검색하면 일영 대역판 만화가 나옵니다. 그중에서 자기 취향에 맞는 것을 선택하시면 됩니다. 작품에 따라서 사용되는 영어의 특징이 다르기는 하지만 뭔가를 영어로 즐긴다는 태도가 가장 중요합니다.

『도라에몽』을 예로 들자면, '도라에몽'은 영어로 번역해도 'Doraemon'인데 'Gadget cat from the future'라는 소제목이 붙습니다. '미래에서 온 고양이 로봇'이라는 뜻이죠.

『Doraemon-Gadget cat from the future Vol. 1』의 첫 페이지

를 펴보면 아래와 같은 영어 대사가 나옵니다.

노비타   It's a peaceful new year's day.

It looks like a good year ahead.

도라에몽 No, everything will go wrong.

Nobi Nobita will hang himself in 30 minutes.

He'll be burned alive in 40 minutes.

노비타   Who are you? How do you know that?

Show yourself.

어떠세요? 중학교 수준의 영어 단어로 이루어진 간단한 문장이 지요? 게다가 만화가 함께 있으니 훨씬 쉽게 이해할 수 있겠죠? 모르는 단어가 있다면 나중에 다시 확인할 수 있도록 접착식 메모지로 표시해두세요.

대개 1화가 10~15페이지 정도의 분량이고, 1페이지를 읽는 데 20~40초 걸린다고 치면 1화를 읽는 데 짧게는 4분, 길게는 10분 정도가 걸립니다. 『Doraemon Vol. 1』은 총 14화에 150페이지 정도의 분량이므로 다 읽는 데 약 1~2시간 정도 소요됩니다. 만화책이라도 한 권을 다 읽고 나면 성취감이 느껴질 거예요.

만화책이든 뭐든 영어로 된 책을 끝까지 읽는 경험은 매우 중요합니다. '영어로 뭔가를 달성했다', '끝까지 해냈다'는 자신감과 긍정적인 마음가짐이 영어를 한결 가깝게 만들 거예요.

1타2피! 직장인이라면 영어 비즈니스 책을 읽자

지금까지 음악과 드라마, 영화, 만화 등 엔터테인먼트를 적극적으로 활용해서 영어를 즐겁게 접하는 방법을 소개했습니다. 이는 즐거움과 감동, 인상적인 그림과 영상, 음악 등의 이미지를 영어와 연결시켜서 머릿속에 영어에 대한 긍정적인 이미지를 심어주고, 더 나아가 영어의 의미를 직접적으로 느낄 수 있는 '영어 뇌'를 형성하는 데 많은 도움이 됩니다.

이것은 문법 위주로 해석하고 우리말로 번역해서 오랫동안 길러온 '우리말 뇌'로 그 의미를 느껴야 비로소 이해한 것이라고 가르친 기존의 영어 교육과 전혀 다른 접근 방식입니다.

또한 작품을 영어로 감상하는 것이 중요한 이유는 그것만으로도 영어에 대한 성취감과 자신감이 생기기 때문이에요. 누구나 책 한 권이나 작품을 끝까지 보면 '해냈다'는 뿌듯함이 생기고, 어설프지만 그 분야의 전문가가 된 것 같은 기분마저 듭니다. 영화나 드라마도 시리즈를 다 보고 나면 그저 앉아서 재미있게 시청했을 뿐인데도 뭔가를 해냈다는 만족감이 느껴질 거예요.

사실 영어로 이러한 성취감과 만족감, '드디어 해냈다'는 속시원

함을 느끼는 것이 매우 중요합니다. 그리고 이를 한 단계 발전시킨 방법으로 특히 직장인이나 사업가에게 추천하고 싶은 것이 영어 비즈니스 서적을 한 권 독파하는 일입니다.

제가 처음으로 만화책 외에 영어로 끝까지 읽은 책은 스티븐 코비의『성공하는 사람들의 7가지 습관The 7 Habits of Highly Effective People : Powerful Lessons in Personal Change』입니다. 우연히 읽게 되었는데 생각보다 쉬운 레벨의 영어라서 술술 읽히더군요. 장르도 자기계발 분야라서 긍정적인 마음가짐은 물론, 인생에 힌트가 될 만한 영감을 얻으면서 단숨에 읽어 내려갔습니다.

솔직히 말해서, 처음으로 영어로 된 책을 한 권 다 읽고 나니 실낱같은 자신감이 생겼습니다. 여태까지 영어로 뭔가를 읽어보려 노력해도 매번 실패하고 좌절했기 때문입니다.

실제로 100년 전에 세계적인 베스트셀러로 유명했던 니토베이나조*의『무사도BUSHIDO : The Soul of Japan』를 영어판으로 읽으려고 시도한 적이 있습니다.

하지만 너무 어려워서 도중에 포기하고 말았습니다. 개인적으로『무사도』의 내용을 좋아해서 우리말로는 다 읽었지만, 영어로는

---

* 메이지 시대와 다이쇼 시대에 걸쳐서 활약했던 교육자이자 사상가

표현과 단어가 어려워 대충 넘기면서 읽다 보니 아무것도 머릿속에 들어오지 않더군요. 그리고 사전을 뒤지면서 읽으려니 시간이 많이 걸려 진도도 나가지 않았습니다.

예를 들어, 1장의 첫머리는 아래와 같은 명문으로 시작됩니다.

> 원문 Chivalry is a flower no less indigenous to the soil of Japan than emblem, the cherry blossom: nor is it a dried-up specimen of an antique virtue preserved in the herbarium of our history.
>
> 번역 무사도는 일본을 상징하는 벚꽃처럼 일본 땅에서 자란 고유의 토종 꽃이다. 그리고 이것은 우리의 역사 속에 보존되어 있는 사라진 고대 미덕의 표본이 아니다.

어떤가요? 지금이야 이 문장의 깊고 심오한 맛을 느낄 수 있지만 당시에 저는 단어는 물론 문법적인 표현도 어려워 무슨 뜻인지 도무지 이해하지 못했습니다. 한 문장을 읽는 데도 꽤 많은 시간이 걸렸고요. 읽는 내내 사전을 뒤지다가 결국은 따분해져 도중에 그만둬버렸습니다.

이러한 좌절과 실패를 반복하면서 제 머릿속에는 '역시 난 영어는 안 되나 봐……', '이놈의 영어, 정말 어렵네!'라는 부정적인 생각만 가득찼습니다. 그렇습니다. 이것이 바로 잘못된 영어 교육이 낳은 전형적인 실패 사례라 할 수 있습니다.

무리해서 자기 능력 밖의 어려운 레벨에 도전하기보다 오히려 자신에게 친숙하고 쉬운 영어 책 한 권을 독파하는 편이 훨씬 더 효과적입니다.

예를 들어, 앞서 언급했던 『성공하는 사람들의 7가지 습관』의 서두 부분을 살펴보겠습니다.

> 원문 Habits are powerful factors in our lives. Because they are consistent, often unconscious patterns, they constantly, daily, express our character and produce our effectiveness······ or ineffectiveness.
>
> 번역 습관은 우리들 인생에 결정적인 영향을 미친다. 습관이란 거듭되고 때로는 무의식적으로 이루어지는 행동 패턴이며, 날마다 끊임없이 성격으로 드러난다. 그로 인해 자기 자신의 능력 정도가 결정된다.

앞에서 언급했던 『무사도』의 예문과 같은 분량이지만 훨씬 이해하기 쉽지 않은가요? 단어도 용법도 간단합니다. 일부러 직역한 번역문을 원문 아래에 제시했는데, 오히려 영어로 그 의미를 직접 파악하는 것이 훨씬 더 쉽게 느껴질 정도입니다.

약간 이해하기 어려운 부분이라면 consistent^{거듭되는}와 often unconscious^{종종 무의식적인}라는 형용사가 나란히 patterns^{형식}에 걸려 있다는 점과, 이와 마찬가지로 constantly^{끊임없이}와 daily^{날마다}라는 두 개의 부사가 각각 express^{표출하다}와 produce^{생산하다}라는 동사에 걸려 있다는 점일 거예요.

어쨌든 속독을 할 때는 이러한 문장 구조를 시간을 들여 일일이 해석하지 말고, 전체적으로 대략적인 의미만 파악하면 됩니다.

사실 경제경영서나 자기계발서는 많은 독자층을 대상으로 하기에 비교적 간결하고 알기 쉬운 문장으로 쓰게 됩니다. 그래서 소설이나 학술서보다 읽기 쉽고 영어 학습 입문서로 딱 좋습니다. 국내에서 베스트셀러가 된 책은 아마존에서도 쉽게 구입할 수 있어요. 심플하면서도 읽고 난 후에 긍정적인 기분과 용기를 얻을 수 있다는 점이 자기계발서가 영어 공부에 좋은 이유입니다.

게다가 한 권을 다 읽고 나면 이는 커다란 자신감으로 이어집니다. 또한 영어를 읽는 행동이 '영어를 공부한다'가 아니라 '영어로 읽는다'는 사고의 전환을 가져다주기도 합니다.

취향, 관심, 의욕을
끌어내는 것이 최고의 비결

지금까지 '영어 뇌'를 향상시키는 최대 포인트로 영어에 대한 거부감을 구체적으로 어떻게 없애고 영어와 친해질 수 있는지, 그 방법에 대해 소개했습니다.

음악과 드라마, 영화, 만화, 비즈니스 서적 등 어떤 것이든 일단 자기가 좋아하는 것, 재미있는 것, 잘하는 것 중에서 영어로 접할 수 있는 것이 무엇인지 생각해보세요.

뭔가 구체적으로 떠오르지 않는다면, 일단 유튜브 검색창에 좋아하는 것을 영어로 입력해봅시다. 이를테면 좋아하는 해외 연예인을 영어로 검색해보면 그 연예인과 관련된 영어 동영상이 나올 거예요.

좋아하는 연예인의 이름과 'interview'를 검색창에 같이 치면 그 연예인의 인터뷰 동영상을 시청할 수 있습니다. 좋아하는 연예인이 등장하는 동영상은 설령 잘 알아들을 수 없더라도 그저 보는 것만으로도 즐거울 거예요. 그리고 이내 무슨 말인지 알고 싶어지겠죠. 이렇게 자연스러운 의욕과 관심을 이끌어내는 것이 '영어 뇌'를 향상시킬 수 있는 방법입니다.

영어라고 해서 일부러 어려운 것에 도전할 필요가 전혀 없습니다. 해외 뉴스에 관심이 없다면, CNN이나 BBC를 필사적으로 시청하지 않아도 됩니다. 솔직히 뉴스는 우리말로 봐도 따분하잖아요?

해외 뉴스에 관심이 많거나 비즈니스에 도움을 받고 싶은 사람은 적극적으로 시청하는 편이 좋겠죠. 요점은 자기가 좋아하는 것 또는 잘하는 것, 관심 있는 분야를 영어로 접해보라는 것입니다. 이것이 원칙입니다.

우리는 오랫동안 받아온 영어 교육 탓에 '올바른 영어를 정확하게 구사하기 위해서는 학습 순서를 정하고 무엇보다도 전문 교재로 공부해야 한다'는 고정관념에 사로잡혀 있습니다.

그래서 공부를 다시 시작하려고 할 때 자기 능력보다 한 단계 어려운 수준의 따분하고 재미없는 영어 교재를 구입해서 '열심히 공부하자!'라고 결심합니다. 이렇게 잘못된 자세로 임하니 작심삼일로 실패하지, 성공할 리가 있겠어요? 혹시 여러분도 이러한 악순환을 반복하고 있지는 않으신가요?

결국 자기가 좋아하는 것을 영어로 접하는 편이 좋습니다. 긴장감을 풀고 편하게 즐긴다면 의미는 100% 완벽하게 이해하지 못해도 괜찮습니다. 편안하게 즐기면서 지속하는 것이 무엇보다 중요합니다. 그리고 영어는 '따분한 것', '어려운 것', '특별한 사람만이 가능한 것'이라는 부정적인 이미지를 없애고 영어와 친해질 수 있도록 주변의 일상들을 서서히 영어로 바꿔보세요.

이제까지 영어에 대한 부정적인 거부감으로 가로막혀 있던 장벽이 무너지고 긍정적인 사고 회로가 열리게 되면, 비로소 '영어 뇌'가 활성화되어 움직이기 시작할 것입니다. 일단 '일닥영어'는 이러한 '영어 뇌'를 형성하는 것에서부터 시작된다고 할 수 있습니다.

16배속 Summary

나에게 딱 맞는 '영어 뇌' 만들기

- '문법 좀 틀리면 어때!'라는 발상의 전환

- 좋아하는 취미와 영어를 연결
  ex) 책 : 영한대역 만화나 소설 읽기
       영화 : 자막 없이 영화/드라마 보기
       음악 : 유튜브에서 가사와 함께 팝송 보며 듣기
       스포츠 : 메이저리그, NBA 관람하기

- 좋아하는 외국 연예인 영어로 검색
  ex) 유튜브로 외국 연예인의 인터뷰 영상 찾아보기

PART
2

구체적이고
확실한
목표를
정하자

That is what learning is, you suddenly understand
something you've understood all your life,
but in a new way.

배움이란 일생 동안 알고 있었던 것을
어느 날 갑자기 완전히 새로운 방식으로 이해하는 것이다.

도리스 레싱 *Doris Lessing*

'언젠가 영어를 유창하게 하고 싶다!'로는 안 된다

Part 1의 '영어 뇌'에서는 '긴장을 풀고 부담스럽게 생각하지 않는다', '조금은 적당히 해도 괜찮다', '일단 좋아하는 것부터 시작한다' 등 영어에 대한 긍정적인 사고를 강조했습니다. 그러나 영어에 대한 편안한 마음가짐을 가지는 것과 영어를 익히기 위한 기초적인 '전략'을 세우는 것은 비슷한 것 같지만 실은 전혀 다릅니다.

사실 많은 사람들이 영어 공부에 실패하는 원인은 전략을 대충 세우기 때문이라고 해도 과언이 아니에요.

그 전형적인 실패사례가 바로 다음과 같습니다.

언젠가 영어를 유창하게 하고 싶다!

얼핏 보면 목표 같지만 이는 목표가 아닌 단순한 망상에 불과합니다. '언젠가'란 도대체 언제를 말하는 것일까요? 기한이 정해져 있지 않죠. '유창하게'는 또 어떤가요? 그 기준이 명확하지 않습니다. 만일 '유창하게'가 원어민 같은 수준을 의미한다면 현재 나이가 스무 살 이상이고 해외 경험이 아주 없는 사람일 경우에는 불가능하다고 봐야 합니다. 그렇게 높은 수준의 영어를 꿈꾼다면 평생을 노력해도 달성할 수 없습니다. 좌절만 맛보게 될 뿐이죠.

그런데 의외로 많은 사람들이 이러한 망상의 틀에서 벗어나지 못한 채 공부를 하고 있습니다. 그리고 당연한 결과로 '나는 역시 안 돼!'라며 좌절하고 영어에 대한 거부감만 가중시키고 있습니다.

우리는 대개 영어 공부에 대해 지나칠 정도로 진지한 자세를 갖고 있어서, 정작 학습에서 중요한 '전략'이라는 단계를 무시하는 경향이 있습니다. 요컨대 나무만 보고 숲은 보지 못하는 거죠.

다시 한번 언급하지만 '언젠가 영어를 유창하게 하고 싶다!'로는 절대 성공할 수 없습니다. 이러한 상태라면 안 하느니만 못해요. 아무것도 시작하지 않은 것과 같다고 할 수 있습니다.

그래서 이번 파트에서는 영어 공부의 '전략'에 대해 자세히 살펴보고자 합니다. '전략'은 어떤 공부를 하든 구체적인 성과를 내기 위해서 반드시 필요한 요소입니다. 전략을 잘 세우면 공부의 성과는 2배, 3배로 향상됩니다. 대학 입시를 예로 들면 이해하기 쉬울 거예요. 수능이나 각 대학 시험의 특징과 경향을 분석하고 그에 맞는 공부법을 효율적으로 실천하면 단기간에라도 성과를 향상시킬 수 있습니다.

이는 영어에서도 마찬가지예요. 반대로 잘못된 전략을 세우거나 아무런 전략도 없이 무턱대고 시작한다면 어떻게 될까요? 좋은 성과가 나올까요? '언젠가 영어를 유창하게 하고 싶다'는 막연한 생각만으로 이룰 수 있을까요? 딱 잘라 말하지만 불가능합니다.

그렇다면 우리에게는 어떤 전략이 필요할까요? 이제 구체적인 방법에 대해서 살펴보겠습니다.

1년 후의 명확하고 구체적인 목표가 '일단영어'의 핵심

어떤 일이든 명확한 기한을 결정하지 않으면 막연한 바람으로 끝나고 말 거예요. 많은 사람들이 영어를 습득하지 못하는 이유는 '언젠가 영어로 말하고 싶다'와 같이 목표 기한을 머나먼 미래로 애매하게 얼버무리기 때문입니다.

그러나 『1년만 닥치고 영어』는 이를 거부합니다. '1년 후의 명확하고 구체적인 목표를 설정하라!'고 강조합니다. 5년 후, 10년 후가 아니라 반드시 1년 후의 목표를 정해야 해요. 왜냐하면 대개 사람은 게을러서 기한이 몇 년 후라면 해야 할 일을 뒤로 미루려는 성향이 강하기 때문입니다.

　중학교 3년, 고등학교 3년, 대학교 4년으로 총 10년 동안이나 영어를 공부하고 어엿한 사회인이 되고 나서도 '영어 공부를 해야 한다'며 대략 6년의 시간을 보냈다면, 이것만으로도 벌써 16년입니다. 그러나 『1년만 닥치고 영어』는 16년을 투자해도 안 됐던 것을 1년 만에 가능하게 합니다. 즉 1년이라는 명확한 목표 기한을 정하고 실현 가능한 목표를 설정해 그에 맞춘 전략과 구체적인 계획을 세우고 실천함으로써 눈에 보이는 영어 공부의 성과를 끌어내는 것입니다.

　제 경우에 영어를 본격적으로 공부해야겠다고 마음먹고 이를 행동으로 옮겼던 때는 하버드 대학원에 유학을 가겠다는 목표를 세우고 난 이후였습니다. 당시에 저는 대학원 합격에 필요한 영어 점수를 적어도 1년 후에는 반드시 따야 했습니다. 그래서 '4개월 안에 필요한 점수를 딸 수 있다면 좋겠다'는 다소 도전적인 목표를 설정하는 동시에, 실현 가능한 2안으로 '1년 후에는 반드시 필요한 점수대까지 실력을 끌어올리겠다'고 마음먹었습니다. 제가 결과적으로 하버드 대학원에 합격할 수 있었던 것도, 영어 시험에서 필요한 점수를 딸 수 있었던 것도, 그리고 영어를 못하던 상태에서 하버드 수업을 따라갈 수 있을 정도의 영어 실력을 쌓은 것도 모두 1년 후라는

● 1년 후의 명확하고 구체적인 목표를 설정하기

구체적인 기한을 설정했기에 가능했습니다. 정말 '1년 후'라는 목표 설정이 아주 중요한 포인트가 되었습니다. 만약에 5년 후, 10년 후, 혹은 '언젠가'라며 기한을 얼버무렸다면, 지금까지 하버드라는 꿈은 이루지 못했을지도 모릅니다.

나중에 좀 더 자세하게 설명하겠지만 1년 후라는 목표 기한을 설정하면 1년 동안에 무엇을 할지에 대한 구체적인 계획을 세울 수 있습니다. 1년이라는 시간 동안에는 특별한 일정이 있더라도, 그 일정을 뺀 나머지 시간 중에 어느 정도를 영어에 투자할 수 있는지 대강 예측할 수 있겠죠. 그리고 1년 중에 1개월째, 3개월째, 6개월째, 9개월째 등 각각의 중간 지점에서 실력이 어느 정도 향상되면 좋은지, 그를 위해서는 무엇을 해야 하는지, 시간을 얼마나 투자해야 하는지 등을 가늠할 수 있습니다. 이런 구체적인 계획이 바로 '일닥영어'의 두 번째 요소인 '전략'의 핵심입니다.

1년 후에 토익 900점, 토플 100점을 따자!

앞에서 목표 달성 기한을 반드시 1년 후로 설정해야 하는 이유에 대해 설명했습니다. 그렇다면 무엇을 1년 후의 목표로 삼으면 좋을까요? 이건 개인마다 다를 거예요.

저는 하버드 대학원에 합격하는 것이었지만, 모든 사람이 유학을 목표로 삼지는 않겠죠. '해외 발령이 날 때에 맞추어 비즈니스 영어를 마스터하고 싶다', '취업할 때에 영어 능력을 인정받으면 유리하겠지?' 또는 '영어로 영화나 드라마를 보고 싶다' 등 각자 다양한 동기가 있을 거예요.

중요한 것은 이러한 동기를 1년 후의 목표로 명확하게 설정하고 공략해나가는 일입니다. 막연하게 '비즈니스 영어를 구사하고 싶다'는 애매한 목표가 아니라, 예를 들어, '1년 후에 토익 900점을 따겠다'와 같이 측정 가능한 목표를 설정해야 합니다. '언젠가 유학을 갈 수 있도록 영어 능력을 길러두고 싶다'가 아니라, '1년 후에 토플 100점을 따겠다'로 구체화하는 것입니다.

'자막 없이 영화를 감상하고 싶다'거나 '해외여행을 갔을 때 다른 나라 사람들과 영어로 대화를 나누고 싶다' 같은 막연한 동기보다는, '1년 후에 영어로 영화를 감상할 수 있게 그 지표로 토익 900점을 따겠다', '1년 후에 미국으로 여행갈 때 불편함 없이 즐길 수 있도록 텝스 700점 이상을 기준으로 삼겠다' 등 측정 가능한 목표를 설정하는 편이 좋습니다. 달성 기한이 애매한 경우와 마찬가지로, 목표가 애매하면 사람은 이런저런 핑계를 대고 뒤로 미루기 마련이니까요. 여태껏 '영어를 잘하고 싶다'는 생각을 품고 살았지만 아직까지도 영어를 못하는 이유는 대부분 목표 설정을 명확하게 하지 않았기 때문입니다.

이런 의미에서 '1년 후에 토익 900점, 토플 100점을 따자!'는 목표는 다소 달성하기 어려울지 몰라도 결코 불가능하지는 않습니다. 오히려 목표 설정에 적합한 타깃이라고 생각해요. 텝스 시험도 목표로 삼기에 좋습니다.

물론 개인마다 시작할 때의 영어 실력과 투자할 수 있는 시간이 각자 다를 거예요. 예를 들어 1년 후에 토익 800점, 토플 80점, 텝스

800점을 목표로 삼을 수도 있습니다. 여기서 중요한 것은 1년 후에 명확하게 측정 가능한 목표를 설정하는 일입니다.

제가 공부할 당시에 토플은 CBTcomputer-based testing 형식이라 300점 만점*이었는데, 공부를 하기로 마음먹고 처음으로 시험을 봤을 때 180점IBT 기준 64점을 받았습니다. 솔직히 말해서 하버드는커녕 어느 대학에도 지원할 수 없는 절망적인 점수였어요. 특히 듣기 영역에서 무슨 말인지 전혀 알아들을 수 없었습니다. 그래서 저는 1년 후에는 반드시 하버드 대학원에 원서를 낼 수 있는 조건인 250점IBT 기준 100점 이상을 따겠다는 확실한 목표를 세웠습니다. 이것은 제가 '일닥영어'를 실천하는 중요한 출발점이 되었습니다.

본격적으로 공부를 시작하고서 영어 점수는 서서히 올라 4개월 후에 243점IBT 기준 96점, 1년 후에는 273점IBT 기준 111점으로 목표치보다 높은 점수를 받아냈습니다. 그렇게 하버드 대학원에 원서를 낼 수 있는 자격과 합격 요인 중 하나(어디까지나 여러 요인 중에 하나일 뿐입니다)를 갖출 수 있었습니다.

이렇게 1년 후의 명확한 목표 설정은 '일닥영어'의 핵심입니다. 물론 시험 점수가 영어 실력을 100% 반영하는 것은 아니지만 명

---

* 현재의 iBT(internet-based testing) 형식은 120점 만점

확한 지표로 폭넓게 활용할 수 있습니다. '게임을 즐긴다'는 기분으로 레벨이 점차 올라가는 자신의 성장을 체감할 수 있고, 잘하는 것과 못하는 것을 객관적으로 바라보는 도구가 됩니다. 이러한 도구를 잘 활용하면 보다 효과적인 '전략'을 세울 수 있겠죠!

1년 후에는 자막 없이 영화를 보고 간단한 일상 회화 정도는 가능했으면 좋겠다!

앞에서 명확한 목표를 설정하려면 토플이나 토익 등의 시험을 도구로 활용하라고 했는데, 이를 은근히 부담스럽게 느끼는 사람도 있으실 거예요. 또한 Part 1의 '영어 뇌'에서 영어에 대한 거부감을 없애고 자기가 좋아하는 것이나 관심 있는 분야를 영어와 연결시켜 영어에 대한 긍정적인 의식을 형성하는 것이 중요하다고 해놓고 '이제 와서 목표 설정이니 영어 시험이니 운운하는 것은 상반되지 않느냐?'고 오해하실지도 모릅니다.

그런데 전혀 그런 뜻이 아닙니다. '긍정적인 의식을 높여서 영어 뇌를 형성하는 것'과 '시험 점수를 지표로 명확한 목표와 전략을 세우는 것'은 결코 상반되지 않아요.

일단 '시험'하면 대부분, 다른 사람에 비해 자신이 못하는 것에 대한 열등감을 느끼게 하는 학교 시험을 떠올리기 쉬운데 그렇지 않습니다. 시험은 어디까지나 자신의 동기 부여를 높이고 효과적인 전략을 세우기 위한 도구라고 생각해야 합니다. 즉 '게임을 즐긴다'는 기분으로 시험에 임하고 자신의 레벨 향상을 피부로 느끼기 위한 지표라고 받아들여야 해요. 실제로 게임을 할 때 경험치가 올라가고 레벨이 높아지면, 재미를 느끼고 게임에 푹 빠지게 되는 것과 같은 원리입니다. 유도나 검도, 서예 등을 배우면서 한 단계씩 실력이 향상되거나 마라톤 기록이 달리기 연습을 하면서 점차 좋아지는 것과 비슷하죠. 시험이지만 '게임을 한다'는 기분으로 임하는 자세가 중요합니다.

덧붙여 목표 점수를 좀 더 즐겁게 이미지화하는 것, 즉 자기가 영어 공부를 하게 된 동기와 연결시키는 것도 중요합니다. 제 경우에는, 동경의 대상인 하버드 대학원으로 유학을 가서 각국에서 온 사람들과 함께 공부하는 제 모습을 목표 점수에 연상시킴으로써 동기를 부여할 수 있었어요.

이와 마찬가지로 영화를 영어로 감상하거나 일상적인 대화를 영어로 나누는 등의 즐거운 이미지나 본래 동기를 실현시키기 위한 목표 점수와 연결하면 좋습니다. 실제로 '토익 900점, 토플 100점'은 영어를 어느 정도 이해하고 사용할 수 있는 수준으로, 지금까지 막연하게 생각했던 '영어를 잘하고 싶다'는 바람을 명확한 목표로 공략하기에 적당한 레벨입니다. 목표 점수에 도달할 수 있다면, 영어로 영화를 감상할 수도 있고 일상의 대화를 영어로 나누는 것도 1년이면 가능합니다.

나에게 가장 적합한 방법은 무엇일까?

명확한 목표를 설정했다면 그 다음은 목표 달성을 위한 구체적인 방법을 연구할 차례입니다. 전략과 계획이 뒷받침되지 않으면, 닥치는 대로 이런저런 방법을 써봤자 효과적인 결과를 낳을 수 없습니다. 최신 유행하는 영어 학습서를 구입해서 공부하는 것도 나쁘지 않지만 그걸로는 부족합니다. 예를 들어, 1년 후에 토플 100점을 맞겠다는 목표를 설정했다면, 그 목표를 달성하는 데 필요한 효과적인 방법을 연구하고 그를 위한 정보를 수집해야 합니다. 이는 어떤 시험이든 마찬가지예요.

토플과 토익 등의 영어 시험은 기출 문제와 대비 서적이 시중에 많이 나와 있습니다. 또한 인터넷을 뒤져보면 꽤 많은 양의 정보를 수집할 수 있어요. 단, 구체적인 계획을 세우기 전에 Part 1에서 소개했던 것처럼 일단 영어를 즐기는 단계에서 최적의 방법을 연구하라고 제안하고 싶습니다.

특히 자신과 비슷한 입장에서 목표를 달성한 사람의 체험 수기를 찾아 읽어보세요. 타인의 체험을 통해서 구체적인 학습 방법이나 얼마간의 기간과 학습량이면 몇 점대를 바라볼 수 있는지 등을 대략 예측할 수 있습니다. 또한 실패나 슬럼프를 극복한 요령 등 생생한 정보도 얻을 수 있습니다. 게다가 모델로 삼은 사람의 체험 수기를 읽고 자기 것으로 만들면, 그와 똑같은 단계를 밟아 목표를 달성해나가는 자신의 모습을 보다 구체적으로 이미지화할 수 있습니다. 이는 곧 동기 부여로 이어지겠죠.

실제로 저는 대학 입시를 준비하면서 본격적인 공부 모드로 돌입하기 전에 도쿄대 합격 수기집을 여러 번 정독했습니다. 합격 수기를 통해서 어떤 문제집을 어느 타이밍에서 얼마만큼 풀면 좋은지 등 도쿄대에 합격하기 위한 구체적인 공부법을 연구했고, 그 과정에서 지방의 국립 고등학교에 다니던 한 평범한 학생이 1년 동안 열심히 공부해서 도쿄대에 합격했다는 사실을 알게 되었습니다. 그리고 그건 저에게 큰 자극이 되었습니다.

영어 공부를 시작했을 때도 역시 다른 사람의 성공 체험기를 찾았는데 당시에는 출판된 책이 거의 없었습니다. 그래서 인터넷으로 유학 준비 과정을 기록한 블로그를 겨우 찾아낼 수 있었죠. 특히 저와 비슷한 처지에서, 목표로 삼았던 대학교에 합격한 사람의 블로그는 큰 용기를 주었고 정보도 상당히 유용했습니다. 영어 공부의 경우, 개인적인 공부법을 소개한 책은 많지만 생생한 체험 수기를 담은 책은 찾기 어려워요. 그러니 블로그처럼 인터넷상에서 자기와 비슷한 처지의 사람이 쓴 체험 수기를 찾아서 꼭 읽어보길 바랍니다.

참고로 제가 유학했던 2006년도에는 유학 준비 과정을 다룬 책이 전무하다시피 해서 '그렇다면 내가 직접 써봐야겠다'고 마음먹고 쓴 것이 『공부 천재-자기 주도 학습으로 동경대 입학부터 하버드대 합격까지』라는 책입니다. 도쿄대 입시와 하버드대 유학을 준비했던 체험 수기를 담은 것인데, 특히 하버드에 관해서 소개한 후반부는 제가 직접 겪었던 실패와 좌절의 경험을 생생하게 담았기 때문에 참고가 될 것입니다.

물론 합격 수기나 체험 수기 외에도 구체적인 공부법을 소개하는 영어 학습서, 웹사이트 등을 참고하는 것도 좋습니다. 인터넷을 뒤져보면 체험 수기 이상으로 영어 공부법에 관한 유용한 정보가 많을 테니까요.

혹시 주변에 영어를 잘하는 사람이나 유학 경험자, 해외근무 경험자 등이 있다면 그 사람들의 이야기를 자세하게 듣는 것도 좋아요. 실제로 제가 하버드 대학원의 유학 체험 수기를 블로그에 올리면서 책을 출판했더니, 의외로 많은 사람들이 영어 공부나 유학 준비에 대한 상담을 요청했습니다. 개중에는 목표 점수를 달성해 희망하던 대학으로 유학을 떠난 사람도 적지 않은데, 대체로 열정적이면서도 구체적으로 준비 방법이나 대책을 물었던 사람, 그리고 단발성이 아니라 학습 기간(대개 1년) 내내 정기적으로 상담을 요청했던 사람의 성공률이 높았습니다. 영어 공부에 성공한 주위 사람을 멘토로 삼으면 정보의 질은 물론, 동기가 유지된다는 점에서 상당히 효과적입니다.

시작 전에 반드시
지금 나의 실력을 체크하라

구체적인 목표를 설정하고 그 목표를 달성하기 위한 최적의 방법을 연구했다면 한 가지 더, 현재 본인이 어느 정도의 실력을 갖추고 있는지, 즉 자신의 현주소를 명확하게 인식하는 것이 중요합니다. 현주소와 목적지를 파악하면 가야 할 길이 뚜렷하게 보이기 때문이에요.

자신의 현재 실력을 확인하는 데 가장 빠르고 정확한 방법은 목표로 삼은 영어 시험을 미리 한번 보는 것입니다. 토플 100점을 목표로 삼았다면 일단 토플 시험을 보세요. 현재 실력이 80점인지, 60점인지, 50점인지를 알아봅시다. 자신의 영어 실력을 파악해야 비로소 목표까지의 거리가 명확해지겠죠? 또한 실제로 시험을 보면 총점만이 아니라 듣기, 읽기, 쓰기, 말하기 등 각 영역의 점수도 알 수 있어서 잘하는 분야와 못하는 분야를 파악해 자기에게 적합하면서도 보다 정밀한 대책을 세울 수 있습니다.

사실 너무나도 당연한 것인데 이런 기본적인 것을 실천하지 못하는 사람들이 의외로 많습니다. 그래서 저는 영어 공부나 유학 상담을 할 때 제일 먼저 "토플(또는 토익)은 보셨나요?"라고 묻습니다. 그러면 대개의 경우 "아직 보지 않았어요. 조금이라도 공부한 다음에 실력이 붙으면 보려고요."라는 대답이 돌아옵니다.

그런데 그건 잘못된 생각입니다. '공부해서 영어 실력이 붙었다'를 어떻게 측정할까요? 현재 본인의 실력이 어느 정도인지도 정확히 모르는데, 어떻게 공부를 효율적으로 할 수 있겠어요?

물론 누구나 공부하기 전의 형편없는 모습은 남에게 보이고 싶지 않을 거예요. 낮은 점수에 실망한 나머지 공부하고 싶은 마음이 사라질 수도 있습니다. 하지만 시험 점수는 다른 사람에게 평가받기 위한 것이 아닙니다. 자신에게 가장 효과적인 대책을 세우기 위해서 필요한 정보일 뿐이에요. 아무리 책을 뒤져도 인터넷으로 검색을 해도 찾을 수 없는, 오로지 자기 자신만 볼 수 있는 정보입니다.

저도 본격적으로 공부를 시작하기 전에 토플 시험을 보고, 예상보다 낮은 점수에 크게 낙심한 적이 있습니다. 목표 점수인 250점

iBT 기준 100점에 훨씬 못 미치는 180점 iBT 기준 64점이었으니까요. 250점까지 가야 할 길이 너무나도 멀게만 느껴졌습니다. 특히 듣기 영역에서 무슨 말인지 전혀 알아들을 수 없어서 감으로 찍고 나왔는데 그야말로 충격과 절망 그 자체였습니다. 하지만 실제로 시험을 치러보니 앞으로 무엇을 해야 할지 어렴풋이 보이기 시작했습니다. 이제까지 막연하게 생각했던 제 실력이 수치화되어 구체적으로 눈앞에 나타났기 때문입니다. 이때부터 저의 영어 공부 엔진에 시동이 걸리기 시작했습니다. 영어 시험을 보지 않고, 그래서 저의 현주소를 깨닫지 못했다면, '어떻게든 되겠지……'라며 빈둥대면서 허송세월만 보냈을지도 모릅니다.

그래서 저는 상담을 원하는 사람들에게 항상 이렇게 조언합니다.

"지금 빨리 영어 시험을 신청하세요!"

이 책을 읽고 있는 독자 여러분도 지금 당장 영어 시험을 신청하고 그 날짜를 다이어리나 수첩에 적어두세요. 그날이 앞으로 1년 동안 진행될 당신의 '일닥영어'에 역사적인 출발점이 될 것입니다.

본격 해부!
나의 목표와 지금 해야 할 일

실제로 영어 시험을 보고 자기의 현주소를 정확하게 파악했다면, 드디어 전략과 계획을 세울 차례입니다.

효과적인 전략과 현실적인 계획을 위해서는 목표와 해야 할 일을 보다 상세하게 나누어 분석해야 합니다. 즉 '영어를 잘했으면 좋겠다'는 막연한 목표를 '토플 100점을 따겠다'는 명확한 목표로 바꿨다면, 그 다음은 100점을 좀 더 세분화하여 각 요소에 해당하는 목표를 설정하는 것입니다.

저는 이 작업을 가리켜 '가로로 요소 분해를 한다'라고 부릅니다. 나중에 설명하겠지만, 이 '가로로 요소 분해를 한다'에 '세로로 시간축 분해를 한다'를 더하면 앞으로 해야 할 일들이 한눈에 들어

옵니다.

그렇다면 예를 들어, '토플 100점'이라는 목표를 가로로 요소 분해하면 어떻게 될까요? iBT 토플은 총점 120점 만점으로 읽기, 듣기, 쓰기, 말하기의 각 영역이 30점 만점으로 구성되어 있습니다. 만일 모든 영역에서 골고루 점수를 받는다고 가정하면, 각 영역에서 25점씩 얻어서 목표 점수인 100점을 만들게 됩니다. 물론 각 영역의 목표 점수를 어떻게 배분하느냐는 사람마다 다릅니다. 우리는 대개 읽기 영역에 강하고 듣기와 말하기 영역에 취약한 편이에요. 저도 그랬고요. 어떤 영역에 강하고 어떤 영역에 취약한지는 처음에 봤던 시험 결과를 분석하면 정확히 알 수 있습니다. 그 점수를 토대로 보다 현실적인 목표를 설정하세요. 이를테면 읽기 27점, 듣기 25점, 쓰기 25점, 말하기 23점으로 배분하여 목표를 설정하면 총점 100점이 됩니다. 물론 목표한 대로 각 영역에서 점수를 받을 수 있을지는 알 수 없지만 그래도 전략과 계획을 세우기 위한 기준으로 생각하고, 각 요소를 분해해서 목표를 정합니다.

다음 단계로는 각 요소를 다시 세분화하여 하위 목표와 계획을 세웁니다. 읽기 영역에서 27점을 받으려면 문제가 50개일 경우(토플은 문제 수가 매회 다릅니다) 정답률 90%를 목표로 삼아야 합니다. 그

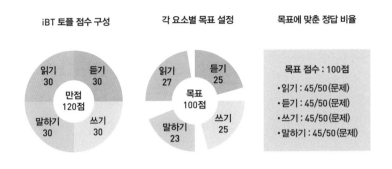

iBT 토플 점수 구성

각 요소별 목표 설정

목표에 맞춘 정답 비율

읽기 30 / 듣기 30 / 만점 120점 / 말하기 30 / 쓰기 30

읽기 27 / 듣기 25 / 목표 100점 / 말하기 23 / 쓰기 25

목표 점수 : 100점
• 읽기 : 45/50 (문제)
• 듣기 : 45/50 (문제)
• 쓰기 : 45/50 (문제)
• 말하기 : 45/50 (문제)

러려면 실제로 문제집을 풀 때도 목표를 정답률 90%, 즉 10문제 중 9문제를 맞춰야 하고 그 수준에 도달할 수 있도록 공부해야 합니다. 가령 공부를 시작했을 때의 평균이 10문제 중 6문제를 맞추는 수준이었다면 정답률을 7문제, 8문제, 9문제로 서서히 높여나가세요.

만일 시간이 부족해서 후반부의 정답률이 낮다는 취약점을 발견했다면, 시간을 정해놓고 제한시간 내에 문제를 푸는 연습을 합니다. 읽기 영역은 특히 어휘력이 점수에 미치는 영향이 큰 편이에요. 시중에 판매되는 토플 단어장 중에 목표 점수와 난이도에 따라서 단어를 구분하여 정리한 것이 있을 테니 이를 참고하여 목표 점수에 맞는 어휘력을 기르는 것도 효과적인 학습 방법입니다.

앞의 사례는 읽기 영역에서 목표 점수를 받기 위해 가로로 요소 분해를 한 것입니다. 이렇게 읽기 영역만이 아니라, 가능하면 위의 〈그림 1〉처럼 모든 영역에 적용해야 합니다. 그러면 보다 효과적인 전략을 선택할 수 있고 현실적인 학습 계획도 세울 수 있을 거예요.

사실 이렇게 목표를 세밀하게 요소 분해를 하는 작업에는 한 가지 장점이 더 있습니다. 바로 미래의 거대한 목표를 현실 가능한 작은 목표로 세분화하여 공략할 수 있다는 점이에요. '지금은 영어를 못하지만 영어를 잘하게 될 것이다'는 머나먼 미래의 비현실적인 꿈처럼 느껴지기 때문에 대부분 뒤로 미루기 마련입니다. 그래서 언제까지나 그 꿈을 이루지 못한 채, 그저 바라만 볼 뿐이에요.

하지만 목표를 세분화하면, '이제까지 장문의 문제를 푸는 데 30분이 걸렸지만 앞으로는 18분 만에 풀 수 있도록 속도를 붙여야겠다'와 같이 현실적이면서도 실현 가능한 목표를 세워 공략할 수 있습니다. 그리고 노력하면 자기도 할 수 있다는 생각을 갖게 될 거예요. 이런 마음이 생기면 사람은 반드시 노력하게 되어 있습니다.

이렇게 하나씩 하나씩 할 수 있는 목표를 달성하고 경험을 쌓아나가면, 큰 목표도 달성할 수 있습니다. 『1년만 닥치고 영어』의 전략은 막연하게 느껴졌던 영어라는 '거대한 산'을 요소 분해로 작게 잘라 세분화하여 한 발씩 착실하게 내딛어 오를 수 있는 각각의 '작은 계단'으로 만드는 것입니다.

목표와 해야 할 일을 세로로 나눈다

목표를 가로로 요소 분해했다면 그 다음은 그런 요소들을 달성하기 위한 시간축을 설정하고 구체적이면서도 면밀하게 1년간의 계획을 세워야 합니다. 저는 이를 가리켜 '세로로 시간축 분해를 한다'라고 부릅니다.

앞에서 언급했던 예로 설명하면 이렇습니다. 10문제 중 6문제를 맞췄던 것을 1년 동안 9문제를 맞출 수 있도록 정답률을 끌어올리는 요소가 있었죠. 이를 〈그림 2〉처럼 세로로 시간축 분해를 하면 4개월 후에 7문제, 8개월 후에 8문제, 12개월 후, 즉 1년 후에 9문제를 맞추는 목표를 세울 수 있습니다. 점수로 따져보면 읽기 영역에서 18점이었던 것을 4개월 후에 21점, 8개월 후에 24점, 12개월 후에 27점으로 끌어 올리는 것이죠.

이를 달성하기 위한 요소 중 하나인 단어 암기도 시간축 분해를 해보세요. 1년 동안 3,800개의 단어를 외워야 한다면 1개월에 300~350개를 외우면 달성할 수 있습니다. 즉 하루에 약 10개의 단어를 외우면 됩니다. 3,800개라는 엄청난 수의 단어도 1년 365일로 시간축 분해를 하면 '하루에 영어 단어를 10개 외우자!'라는 현실적인 학습 방법을 세울 수 있습니다. 단, 사람은 기억력이 좋지 않다는 점을 감안하여 여러 번 반복하는 시간도 포함시키세요. 영어 단

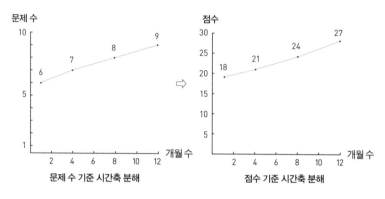

iBT 토플 읽기 영역 목표

문제 수 기준 시간축 분해

점수 기준 시간축 분해

어 암기법에 관해서는 Part 4에서 자세히 설명하도록 하겠습니다.

또한 장문을 읽는 속도도 '600개의 단어로 구성된 문장을 읽고 문제를 푸는 데 30분이 걸렸지만, 이를 18분으로 줄인다'라는 요소를 시간축 분해합니다. 그러면 '4개월 후에는 26분, 8개월 후에는 22분, 12개월 후에는 18분, 즉 1개월마다 1분씩 속도를 높여나간다'는 단계적인 목표를 세울 수 있습니다. 문제집을 풀 때도 스톱워치로 시간을 재고 계획대로 단계적으로 향상되고 있는지를 확인하면서 대책을 수정해나가세요. 만일 읽는 속도가 생각보다 빨라지지 않는다면 집중해서 많은 양의 장문을 읽을 수 있도록 노력하고, 다행히 계획대로 순조롭게 속도가 빨라진다면 다른 요소에 대한 대책에 집중하는 등 적절하게 시간을 배분합니다.

이렇게 시간축 분해를 모든 요소에 적용하고 각 요소에 대한 계획이 1년 동안 확보할 수 있는 시간과 일치하도록 만듭니다. 앞에서 언급한 예는 읽기 영역 중에서도 몇 가지 요소만을 제시한 것으로 듣기, 쓰기, 말하기 영역도 가로로 요소 분해를 한 목표를 1년 동안에 달성할 수 있도록 시간축을 설정합니다.

단, 이때 모든 요소를 1년 동안에 다 잘하려고 계획을 세울 필요는 없어요. 자기의 현주소와 목표 설정, 성격, 취향, 또는 장기 휴가를 낼 수 있는 시기와 그렇지 않은 시기 등을 고려하여 각 요소에 강약을 주면서 시간 배분을 하고 전략적인 연간 계획을 세워보세요. 그에 대한 구체적인 방법은 뒤에서 소개하겠습니다.

목표를 가로로 요소 분해하여 도저히 오르지 못할 것 같던 '거대한 산'을 한결 만만한 '작은 계단'으로 바꾸는 것처럼 세로로 시간축 분해를 하면 구체적인 성장 곡선을 그려 이미지화할 수 있는 효과가 있습니다.

설령 도중에 목표 달성이 아득하게 느껴지더라도, '그래도 내 계획보다는 조금 앞서 있는 편이니 이 상태를 유지하면 꼭 달성할 수 있을 거야! 괜찮아!'라는 긍정적인 마음을 가질 수 있고, 이와 반대로 '계획보다 약간 늦은 것 같으니 조금만 더 분발하자! 힘을 내자!'라며 뒤로 미루는 것을 방지할 수도 있습니다. 또한 3~4개월 단위, 1개월 단위, 더 나아가 1주일 단위, 그리고 1일 단위로 오늘 해야 할 일을 명확하게 정할 수 있어요.

1년 후의 커다란 목표도 결국은 오늘 해야 할 일이 쌓이고 쌓여서 이루어지는 것입니다. 따라서 오늘 해야 할 일에 대한 전략을 구체화할 수 있느냐가 1년 후의 성패를 가르는 열쇠가 됩니다.

우선 잘하는 분야, 좋아하는 분야부터 시작한다

1년간의 계획을 세우고 실천하는 데 가장 중요한 것이 시작, 즉 첫걸음입니다. 대개 공부는 시작 단계에서 좌절하여 작심삼일로 끝나는 경우가 많습니다. 그래서 얼마나 순조롭게 '시작 테이프를 끊느냐'가 매우 중요한 포인트가 됩니다. 이것이 제가 '일닥영어'를 통해서 잘하는 분야부터 시작하라고 강조하는 이유입니다.

자신의 현재 실력이 어느 정도인지를 가늠하기 위한 영어 시험에서 가장 점수가 좋았던 영역을 1순위로 선택하면 비교적 무난하게 공부 모드로 돌입할 수 있습니다. 예를 들어, 읽기 영역의 점수가 비교적 높았다면, 일단 그 부분부터 강화해나가세요. 연습용 읽기 문장은 자기가 잘하는 분야나 좋아하는 분야의 것으로 선택합니다. 시험 대비 문제집도 좋지만 시작 단계에서는 관심 분야의 영어 문장을 많이 읽는 편이 좋습니다.

Part 1의 '영어 뇌'에서도 언급했지만 업무와 관련된 비즈니스 서적이나 궁금한 뉴스 기사, 칼럼을 영어로 읽어도 좋습니다. 단, 난이도가 너무 높거나 관심도 없는 분야를 무리해서 읽는 것은 금물이에요. 간혹《뉴스위크Newsweek》나《타임TIME》등 유명한 영문 시사지를 샅샅이 읽는 사람이 있는데, 관심도 없는 문장을 무리해서 읽는 행동은 시작 단계에서는 피하는 편이 나아요. 어디까지나 관심이 있거나 좋아하는 분야를 선택해서 읽도록 하세요. 영어 공부를 너무 부담스럽게 생각하지 말고, 이를테면 시작 단계에서는 만화책을 영어로 읽으면서 즐겨도 좋습니다. 앞에서 예로 들었던『원피스』,『나나NANA』와 같이 좋아하는 만화를 영어로 읽는 것만으로도 긍정적인 출발점이 되니까요. 또한《보그VOGUE》,《엘르ELLE》,《지큐GQ》등의 패션 잡지를 영어판으로 읽는 것도 추천합니다.

사실 영어 글자만 보다 보면 따분해서 졸음이 쏟아지기 마련이에요. 이런 현상은 특히 초보 학습자들에게서 많이 나타납니다. 그러다 영어에 대한 거부감이 커지면 영어를 싫어하게 되는 역효과가 날 수 있어요. 실제로 제가 그랬습니다. 사람은 무리해서 어려운 것을 하려고 하면 금세 좌절하게 돼요. 그래서 학습 초기 단계에서는 일단 진입 장벽을 낮춰 영문과 사진, 그림, 만화 등이 풍부하게 삽입된 것을 되도록 많이 접하고 영어와 친숙해지는 것이 중요합니다.

듣기 영역에 관해서는 나중에 자세하게 설명하겠지만, 외국 가수의 노래를 듣거나 좋아하는 드라마, 영화를 영어로 시청하는 것 또한 상당히 좋은 첫걸음이 됩니다. 잘하거나 좋아하는 분야, 관심 있는 분야부터 시작해 영어에 대한 스트레스를 되도록 줄이면서 무리 없이, 기분 좋게, 즐겁게 영어 모드로 돌입하는 것이 작심삼일에서 벗어나 성공에 한 계단 다가설 수 있는 전략입니다.

'서투르다', '잘 못한다'는 것은 성장 가능성이 높다는 것

영어 공부의 첫걸음을 내딛는 데 성공해 2주, 3주, 1개월 동안 학습이 습관화됐다면, 곧바로 그 다음 단계로 돌입하세요. 영어 공부에 대한 좌절을 극복하고 단숨에 영어 실력을 급성장시키는 방법입니다.

일반적으로 사람은 서툴거나 잘 못하는 것일수록 손도 대고 싶어 하지 않아요. 자꾸만 뒤로 미루려 하고 포기하고 싶어지죠. 영어 공부에서도 점수가 좋지 않은 영역일수록 자신감이 없으니 자연스럽게 피하기 마련입니다. 물론 시작 단계에서는 영어에 대한 긍정적인 이미지를 형성하고 공부를 습관화하는 것이 중요하기에 어떤 의미에서는 전략적으로 좋아하는 분야나 관심 있는 분야부터 접근하는 순서가 적절하기는 합니다. 그러나 잘 못하거나 서투른 분야를 계속해서 미루기만 한다면 총체적으로 영어를 잘하게 되기 어렵겠죠.

따라서 관점을 달리해보면 잘 못하거나 서투른 영역은 그만큼 성장 가능성이 높은 공략 포인트가 됩니다. 가령 80점이었던 영역을 열심히 노력해서 100점 만점으로 만들어도 오른 점수는 고작 20점밖에 되지 않아요. 하지만 30점이었던 영역을 90점으로 만들면, 60점이나 올린 셈이 되겠죠? 서투른 분야에 노력을 집중하면 급속한 성장을 기대할 수 있습니다.

제 경우에는 듣기 영역이 제일 형편없었어요. 원어민이 영어로 말하는데 무슨 말인지 도무지 알아들을 수가 있어야죠. 30점 만점 중 14점으로 최악이었습니다. 읽기 영역이 30점 만점에 23점이었던 것과 비교해보면 거의 두 배에 가까운 차이였어요. 듣기 영역이 총점을 깎아먹고 있다고 해도 과언이 아니었습니다.

이는 한국 및 일본사람들에게 자주 나타나는 특징입니다. 번역이나 문법, 장문 독해에 비중을 두는 영어 교육과 듣기와 말하기를 중시하지 않는 대학 입시 때문이에요. 최근 들어 약간의 궤도 수정을 하고는 있지만 본질적으로 달라지지 않고 있습니다. 그래서 많은 사람들은 살아 있는 영어^{실전 영어}를 잘 알아듣지 못합니다. 알아듣지 못하니 영어회화가 불가능한 것은 어쩌면 당연한 결과가 아닐까요? 몇 년에 걸쳐서 영어 교육을 받았는데도 '영어를 못한다'는 소리를 듣는 원인이 바로 여기에 있습니다.

그래서 듣기 영역과 말하기 영역을 극복할 수 있다면, 충분히 눈부신 성장이 가능합니다. '영어를 못한다'에서 '영어를 잘한다'로 대전환을 맞이할 수 있을 거예요.

저는 30점 만점 중 14점으로 최악의 점수였던 토플 듣기 영역을 '16배속 공부법'을 통해 3개월 만에 22점, 4개월 만에 24점까지 끌어올렸습니다. 1~2개월째에 좀처럼 만족스러운 결과가 나오지 않아서 좌절할 뻔 했지만, 철저하게 듣기 공부에 매달렸더니 무려 10점을, 즉 첫 시험에서 받았던 점수보다 70%나 높은 점수를 받을 수 있었습니다.

총점도 300점 만점에 180점^{iBT 기준 64점}이었던 것이 3개월째에 237점^{iBT 기준 92점}, 4개월째에 243점^{iBT 기준 96점}을 기록하며 목표 점수였던 250점^{iBT 기준 100점}에 한 발 가까이 다가설 수 있었어요. 성장 가능성이 높은 '서투른 분야나 잘 못하는 분야'를 공략함으로써 총점까지 급성장을 이룰 수 있었습니다.

도쿄대라는 일본 최고의 명문대에서 4년간, 즉 48개월이라는 오랜 기간에 걸쳐 영어 강의를 수강했어도 유치원 수준의 원어민 영어조차 알아들을 수 없었는데, 그의 16분의 1에 해당하는 약 3개월 만에 형편없었던 듣기 실력이 몰라보게 달라졌습니다. 이것이 바로 제가 제안하는 '일닥영어'의 놀라운 효과입니다.

　그렇다면 이제 3개월 동안 구체적으로 어떤 방법으로 꽉 막혔던 '영어 귀'를 트이게 했는지, 그에 관해서 자세하게 소개하겠습니다.

3개월 만에
'영어 귀'를 뚫는 방법

　앞에서 언급했듯이 저는 토플 시험의 4가지 영역 중 가장 못했던 듣기 영역을 3개월 만에 14점에서 22점으로, 4개월 만에 24점까지 끌어올렸습니다. 100점 만점으로 환산해보면 45점에서 80점으로 급상승시킨 셈이죠. 영어를 전혀 알아듣지 못했던 수준에서 어느 정도 알아듣고 이해할 수 있게 된 것입니다. 저는 이런 감각을 가리켜 '영어 귀가 뚫렸다'라고 표현합니다.

　이와 반대로, 단어의 의미를 알고 있고 눈으로 문장을 읽고 해석할 수는 있는데, 막상 귀로 들었을 때 전혀 알아듣지 못하는 상태를 가리켜 '영어 귀가 막혔다'라고 합니다. 저를 포함해 듣기 연습을 거의 하지 않는 사람들에게 많이 나타나는 현상입니다. 하지만 3~4개월 동안 철저하게 듣기 연습에 집중하면 영어가 귀를 통해서 뇌로 직접 전달되는, 이른바 '영어 귀가 뚫리는 경험'을 할 수 있습니다.

실제로 저는 3개월 내내 하루 종일 영어를 들었는데, 적당히 동기 부여를 하면서 질리지 않고 영어 공부를 지속할 수 있도록 다양한 방법을 찾아냈습니다.

귀를 영어에 노출시키는 방법에는 세 가지 모드가 있습니다. 첫 번째 모드는 내용을 정확하게 들을 수 있도록 여러 번 반복해서 듣는 집중 모드입니다. 두 번째 모드는 실제로 영어회화를 하듯이 영어를 한 번만 듣고 전체적인 개요와 이야기의 흐름을 이해할 수 있도록 노력하는 자연 모드입니다. 그리고 세 번째 모드는 굳이 내용을 이해하려고 노력하지 않고 다른 일을 하면서 듣는 흘려듣기 모드입니다. 배경음악^{BGM}처럼 영어를 틀어놓는 거예요.

저는 집중 모드로 듣기 영역 문제집을 풀고 좋아하는 영어 스피치를 보면서 따라하는 연습을 했습니다. 가장 낮았던 듣기 점수를 올려서 총점을 높인다는 목표를 설정했기에, 그에 맞는 전략을 세우고 실행에 옮겼습니다. 그리고 서점에서 판매하는 토플 듣기 문제집을 모조리 구입해서 열심히 풀었습니다. 참고로 토플은 유학에 필요한 영어 시험으로 비즈니스 영어인 토익보다 문제집 수가 적어요. 그래서 듣기 영역에 취약한 사람은 시중에서 판매하는 문제집을 모두 풀어보는 게 좋습니다.

여기서는 문제를 푼다는 형식을 통해 집중 모드로 들어가는 것이 중요합니다. 정답과 오답을 곧바로 확인하고 직접 채점하면서 정답률을 알 수 있어, 마치 '게임을 한다'는 느낌으로 자신의 이해도와 성장 속도를 측정할 수 있어요. 처음에는 실력이 눈에 띄게 늘어나지 않더라도 2개월, 3개월 꾸준히 하다 보면 평균 정답률이 오르는 것을 직접 체감할 수 있을 거예요.

또한 문제를 푼 후에는 영문을 다시 읽어보고 몰랐던 단어나 표현을 사전에서 찾아서 그 의미를 확인하고 직접 소리 내어 읽어보세요. 음독은 말하기 연습이 될 뿐만 아니라, 빠른 속도로 소리 내어 읽다 보면 영어를 직접 이해할 수 있어서 듣기 능력 향상에도 도움이 됩니다. 음독이 끝났다면 CD를 틀어두고 문장을 보지 않은 상태에서 귀로만 듣고도 내용이 이해가 되는지 다시 한 번 확인합니다. 소리로 들어서 이해할 수 있게 되면 '성공'이에요.

이렇게 문제집을 푸는 공부법은 집중 모드라 효과적이긴 하지만 사실 금세 피곤해지고 아무리 게임을 한다는 기분으로 즐긴다고 해도 질릴 수 있어요. 그래서 저는 조금 가벼운 마음으로 집중 모드를 유지할 수 있도록 좋아하는 영어 스피치를 따라 읽었습니다. 유

● '영어 귀'를 뚫는 3가지 방법

튜브나 블로그 등 인터넷을 뒤져보면 다양한 영어 스피치가 업로드 되어 있어서 무료로 시청할 수 있어요. 특히 제 경우에는 애플 전 CEO 스티브 잡스의 스탠포드 대학 졸업식 스피치와 마틴 루터 킹 목사의 유명한 'I have a dream'을 반복해서 들었습니다. 그리고 스티브 잡스와 마틴 루터 킹 목사가 된 것처럼 스피치를 흉내 내기도 했어요. 처음에는 얼굴이 벌게지면서 부끄럽게 느껴졌지만 유명한 연설가가 된 것 같은 기분이 동기 부여가 되더군요. 스피치 학습법에 관해서는 Part 4에서 자세히 설명하겠습니다.

이렇게 내용을 완벽하게 이해하는 집중 모드 외에 영어를 한 번만 듣고 전체적인 개요와 이야기의 흐름을 파악하는 자연 모드도 함께 실천해야 합니다. 실제로 영어를 사용하는 상황에서 일일이 의미를 조사하고 반복해서 들을 수 없으니까요. 그래서 자연스럽게 영어로 듣고 이해하는 훈련이 필요한 것입니다. 가장 좋은 방법은 원어민이 진행하는 영어 수업을 듣거나 원어민과 영어회화를 나누는 것이지만, 온라인을 활용한 영어 수업도 꽤 유용해요.

온라인 학습법으로는 유튜브 채널 〈JenniferESL〉을 적극 활용해보세요. '제니퍼'라는 ESL^{English as a Second Language} 영어 교사가 발음과 어휘, 문법, 은어, 자주 틀리는 표현 등에 대해서 강의한 동영상을 유튜브에 올리는데, 천천히 또박또박 발음해주고 사용하는 단어도 비교적 쉬운 것이 많아서 이해하기 어렵지 않을 거예요.

▶▶ **JenniferESL**

http://www.youtube.com/user/JenniferESL

영화나 드라마를 영어로 즐기는 것도 자연 모드 중 하나이므로 꼭 실천해보세요. 한 가지 방법만 고집할 것이 아니라, 다양한 방법을 사용하면서 공부를 질리지 않고 지속할 수 있도록 하는 것이 무엇보다 중요합니다.

마지막으로, 세 번째인 흘려듣기 모드입니다. 저는 무조건 24시간 내내 영어를 들으려고 노력했습니다. 밥을 먹을 때도 길을 걸을 때도 귀에 이어폰을 꽂고 영어 라디오를 흘려들었어요. 또한 말 그대로 24시간 내내 영어에 귀를 노출시키려고 영어 라디오를 켜둔 채 잠을 자기도 했습니다. 덕분에 영어로 악몽을 꾸다가 가위에 눌린 적이 있을 정도예요. 정신건강상 추천하지는 않지만 시간이 날 때마다, 그리고 다른 일을 하면서 영어에 끊임없이 귀를 노출시키는 것이 좋아요. 집중해서 들으려고 하지 않아도 내용을 이해할 수 없어도 전혀 개의치 말고 일단 귀에서 영어가 떠나지 않도록 귀가 영어에 흠뻑 적셔진 상태를 유지하는 것이 중요합니다.

이렇게 저는 집중 모드, 자연 모드, 흘려듣기 모드를 질리거나 지치지 않도록 적당히 시간을 배분하여 지속함으로써 3~4개월간의 듣기 집중 기간을 실천할 수 있었습니다. 그 결과, 영어가 영어로 들리기 시작했고, 소위 말하는 '영어 귀'가 뚫리는 경험을 하면서 시험 점수를 끌어올리는 데 성공했습니다.

2~3개월 단위로
PDCA^{Plan, Do, Check, Act}를 반복한다

1년 후의 목표를 설정한 후에 그 목표를 가로로 요소 분해하고 세로로 시간축 분해를 하여 면밀하게 계획을 세우는 것이 '일단영어' 전략의 핵심입니다. 그렇게 자기의 현주소를 확인하고 보다 구체적인 전략과 계획을 세우기 위해 제일 먼저 '영어 시험을 보라'고 앞에서 언급했습니다. 시험으로 자기의 현주소와 성장 궤도를 확인하는 작업은 공부를 시작한 첫 단계와 1년 후의 마지막 단계에서만이 아니라, 학습 도중에도 여러 번 반복하시는 게 좋아요.

대부분의 사람들이 시험을 부담스럽게 생각하고 시간적인 제약과 금전적인 문제로 흐지부지되는 경우가 많아요. 또한 실력이 목표 점수까지 향상된 후에 봐도 늦지 않는다고 착각합니다. 하지만 시험을 1년 후에 본다고 생각하면 사람은 누구나 '아직 멀었으니까 나중에 해도 괜찮겠지?'라며 뒤로 미루게 됩니다. 이와 반대로 정해진 마감 기한이 있고 그 날짜가 얼마 남지 않은 것일수록 집중력을 발휘해 끝내려는 습성이 있기도 해요.

그래서 시험은 동기를 부여하고 공부를 지속하기 위한 페이스 메이커이기도 합니다. 실제로 시험을 치루고 점수가 나오면 각 영역의 성장 속도와 잘하는 영역, 잘 못하는 영역이 명확해지므로 보다 적합한 대책을 세울 수 있습니다.

저는 처음 토플 공부를 시작했을 때와 1개월 후, 3개월 후, 4개월 후로 4번에 걸쳐서 시험을 봤고 그 이후에 잠시 쉬었다가 9개월 후에 시험을 봤는데, 이때 목표 점수에 도달했습니다. 그리고 11개월 후의 6번째 도전에서 목표 이상의 점수를 받았고요. 공부를 시작한 지 1개월 후에는 전혀 점수가 오르지 않아서 좌절할 뻔했지만, 3개월 후, 4개월 후부터 급속한 상승세를 기록했습니다.

9개월부터 11개월까지의 마지막 두 달에는 비교적 잘했던 읽기 영역의 점수를 더욱 끌어올리기 위해서 오답률이 높았던 어휘 문제를 보강하기로 마음먹었습니다. 그래서 영어 단어를 철저하게 외우고 읽기 문제를 집중적으로 연습한 결과, 읽기 영역에서 만점을 받아 총점을 한 단계 더 끌어올릴 수 있었어요. 자기의 현재 실력을 확

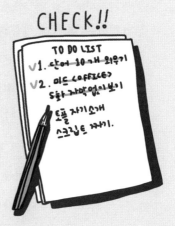

• 2~3개월 단위로 PDCA를 반복하기

인하고 '잘하는 영역의 부족한 부분을 보충한다'는 방법이 성공을 낳은 것입니다. 또한 앞으로 2개월밖에 남지 않았다는 생각이 집중력을 발휘하는 데 크게 작용하기도 했어요.

토플이나 토익 이외에 미국 대학원 입학에 필요한 GRE^{Graduate Record Examination}라는 시험이 있는데 이 시험은 언어 영역^{Verbal reasoning}, 논리 분석 작문^{Analytical Writing}, 수리 영역^{Quantitative reasoning}으로 구성되어 있습니다. 유학생보다 미국 원어민이 대학에 들어갈 때 필요한 시험으로, 특히 언어^{영어}가 상당히 어렵습니다. 토플 100점 이상, 영어 검정시험 1급을 취득한 사람도 감당하기 어려운 수준이에요. 하버드 대학원에 유학을 가려면 이렇게 어려운 GRE도 필요했기에, 저는 처음 GRE 공부를 시작했을 때 2개월 후, 3개월 후에 꾸준히 시험을 봤습니다. 이때도 세세한 전략으로 2개월 만에 상당한 점수를 끌어올릴 수 있었고, 3개월 후에는 일본인으로서 보기 드문 수준인 목표 점수^{GRE/Verbal} 620점를 획득했습니다. 그 방법은 나중에 자세하게 설명하겠습니다.

다른 학습자의 경험을 들어봐도 그렇고, 제 경험에 비추어봐도 역시 어떤 성과가 나타나기 시작하는 데 '3개월'은 필요합니다. 그래서 저는 독자 여러분에게 2개월 또는 3개월마다 시험을 응시해서 꾸준히 실력을 확인하라고 제안하고 싶습니다.

미리 신청할 수 있는 것은 신청해두고 정해진 일정에 따라서 계획을 세우고 집중력을 발휘해 열심히 공부해보세요. 실제로 시험을 본 후에는 그 결과를 세밀하게 분석하여 그때마다 궤도를 수정해나가세요. 수정한 궤도에 따라서 새로운 전략을 세우고 다음 시험에 대비해 열심히 공부합시다. 이렇게 계획Plan, 실행Do, 평가Check, 개선Act의 첫 글자를 딴 'PDCA 사이클'을 2~3개월 단위로 지속하면 반드시 확실한 성과를 얻을 수 있습니다.

16배속 Summary

성공률 100%의 공부 전략 짜기

1. 구체적인 목표를 설정한다.

   ex) '1년 후에 토플 100점을 맞겠다!'

2. 목표에 맞는 공부 방법을 연구한다.

   ex) 현재의 위치 파악 : 실제 시험 보기, 모의고사 풀어보기
   방법 설정 : 기출문제집으로 공부하기, 체험/합격 수기 참고하
   기 등

3. 목표를 가로로 요소 분해한다.

   ex) 목표 : 토플 100점
   요소 분해 : 영역별 구체적인 목표 점수 설정
   (읽기 : 27점, 듣기 : 25점, 쓰기 : 25점, 말하기 : 23점)

4. 목표를 세로로 시간축 분해한다.

   ex) 목표 : 지금부터 1년 후 토플 100점
   시간축 분해 : 현재 65점 ▶ 4개월 후 80점 ▶ 8개월 후 90점
   ▶ 12개월 후 100점

5. 3가지 모드를 반복한다.

   ex) 집중 모드 : 영어 스피치 듣고 따라하기
   자연 모드 : 영화, 드라마 보며 흐름 따라가기
   흘려듣기 모드 : 요리할 때 영어 라디오 틀어놓기, 팝송 틀어놓
   고 다른 일하기

★★★★★

PART
3

낮은
속력으로
오래
달리기

Success is counted sweetest by those who never succeed.

성공이 그렇게 달콤한 것은
결코 성공하지 못하는 사람들이 있기 때문이다.

에밀리 디킨슨*Emily Dickinson*

어학은 역시 '시간'이 열쇠

　　지금까지 영어에 대한 거부감을 없애고 긍정적인 의식을 높이는 '영어 뇌', 그리고 1년 후의 목표 설정과 그를 토대로 공부를 어떻게 효과적으로 이끌어 나갈 것인지에 대한 '전략'을 살펴봤습니다. 이는 영어 공부를 성공으로 이끌기 위한 중요한 요소들이에요. 그러나 단순히 의식을 바꾸고 그럴듯한 계획을 세운다고 해서 마법처럼 영어를 잘할 수 있는 것은 아닙니다. 당연한 이야기겠지만 전략에 실천이 따르지 않으면 영어 실력은 늘지 않아요.

　　'16배속 공부법'의 방정식으로 설명하자면, '영어 공부의 성과 = 영어 뇌×전략×시간×효율'에서 '시간'이 '0'이라면 다른 요소를 아무리 향상시켜도 성과는 '0'일 수밖에 없습니다. 특히 어학에서는 언어에 노출되는 시간이 성패를 좌우할 만큼 매우 중요합니다. 영어에 노출되는 시간이 많을수록 영어 실력은 그에 비례하여 성장합니다. 반대로 충분한 시간을 들이지 않으면 아무리 좋은 공부법을 실천해도 잘할 수 없어요.

그런데 주변을 둘러보면 '시간'이라는 요소를 무시하는 사람이 의외로 많습니다. 시중에 판매되는 영어 학습서 중에도 특징적인 공부법을 너무 강조한 나머지, 마치 시간을 투자하지 않아도 잘할 수 있는 것처럼 잘못된 이미지를 심어주는 책들이 있습니다.

저는 독자 여러분이 영어를 잘하게 되었으면 좋겠고, 영어 공부의 목적을 반드시 달성했으면 하는 바람이 있기에 단호하게 말하는데 '영어 학습에는 시간이 필요'합니다. 현실을 명확하게 직시하시기 바랍니다.

이는 반대로 말하면, 시간만 있으면 천재가 아니더라도 누구나 영어를 잘할 수 있다는 의미도 되지요. Part 1의 '영어 뇌'에서도 반복해서 강조했던 내용입니다. 영어는 사람들이 가장 많이 사용하는 언어입니다. 인구 70억 가운데 약 17억5천 명, 즉 4명 중 1명이 영어를 사용하고, 그중 80%은 원어민이 아닙니다. 개중에는 고등학교나 대학을 나오지 않은 사람도 많아요. 즉 적절한 방법으로 시간을 투자하면 누구나 구사할 수 있는 것이 바로 '영어'라는 언어입니다.

그렇다면 우리는 중학교 3년, 고등학교 3년, 대학교 4년으로 약 10년 동안이나 영어를 공부했는데 왜 아직도 잘 못하는 것일까요? 그 이유는 살아 있는 영어, 즉 실전 영어에 시간을 투자하지 않았기 때문입니다. 우리의 영어 교육은 단어를 찾고 문법을 해석하고 영문을 번역해서 그 의미를 '우리말 뇌'로 이해하는 데만 시간을 투자해 왔습니다. 살아 있는 영어를 듣거나 영문을 리듬감 있게 '영어 뇌'로 이해하거나 영어로 자연스럽게 글을 쓰고 영어로 대화를 나누는 데는 전혀 시간을 투자하지 않았어요. 시간을 투자하지 않았으니 못하는 것은 당연한 결과겠죠?

그래도 학교 교육을 통해서 문법이나 독해를 위한 기초 실력은 어느 정도 갖추고 있습니다. 우리는 대개 '영어를 못한다'며 부끄러워하는 경향이 있는데, 실은 문법이 엉망이라도 '영어를 할 수 있다'며 당당하게 말을 걸어오는 라틴 아메리카 사람들보다 문법이나 어휘력 등의 기초 실력은 훨씬 높을 수도 있어요.

따라서 정규 교육을 받으면서 영어 기초 능력을 다지기 위한 '시간'은 나름대로 많이 투자했으니 앞으로는 실전 능력을 어떻게 기를 것인지, 즉 '영어 뇌를 사용하는 시간'을 어떻게 확보할 것인지가 성공의 열쇠가 될 것입니다.

그런데 솔직히 말해서 학교를 졸업하고 나면 학교에서 교육받을 때처럼 강제로 시간을 확보하기란 여간해서 쉽지 않아요. 그럼에도 스스로 자율적이면서 전략적으로 영어에 투자할 수 있는 시간을 확보해야 합니다. 그렇다고 책상에 앉아서 영어 교재를 읽거나 문제집을 풀 때만이 학습 시간이라고 할 수는 없어요. 어디에 있든, 무엇을 하든, 다양한 상황에서 공부 시간을 확보할 수 있습니다. 이번 파트에서는 그에 대한 구체적인 방법과 요령에 관해서 소개하고자 합니다.

영어를 일상에 스며들게 하라

공부를 막 시작한 단계에서 갑자기 무리하여 많은 시간을 투자하려고 하면 스트레스가 쌓이고 답답해 결국 작심삼일로 끝날 수 있습니다. 그래서 저는 무리하지 않는 범위 내에서 서서히 영어 시간을 늘려나가는 방법을 제안하고 싶어요.

Part 1의 '영어 뇌'에서도 언급했지만, 특히 시작 단계에서는 자기가 잘하는 분야나 좋아하는 분야를 영어로 접하면서 일단 영어와 친숙해지고 영어에 대한 거부감을 없애는 작업부터 실행해야 합니다.

가령 퇴근 후에 피곤한 몸을 이끌고 귀가했다면, 평일 밤에는 영어 만화책을 읽습니다. 하루에 1권을 1~2시간 정도 읽는 것만으로도 1주일이면 5~10시간 정도를 확보할 수 있습니다.

일상에 영어를 스며들게 만들기

자기만의 학습 속도에 맞춰 앞에서 소개했던 유튜브의 ESL 채널 〈JenniferESL〉의 강의 동영상을 하루에 1편씩 시청하는 것도 좋아요. 1편이 5~10분 정도로 짧으니 찾아서 보기가 어렵지 않고 시간도 비교적 쉽게 확보할 수 있습니다.

강의 동영상을 매일 1편씩 시청하기에 익숙해졌다면 분량을 서서히 하루에 2편, 3편으로 늘려 5분, 10분, 30분, 1시간으로 늘려나갑니다. 일단 스트레스가 쌓이지 않을 정도의 분량부터 시작해 단계적으로 몸과 마음을 영어에 익숙하게 만드는 것이 포인트입니다.

Part 2의 '전략'에서는 자기의 현주소를 확인하기 위해서 제일 먼저 토플이나 토익 같은 영어 시험을 봐야 한다고 언급했습니다. 시험을 보기 전에는 어떤 형식으로 어떤 문제가 출제되는지를 대강 파악하는 것이 좋아요. 그러는 동안에 약간의 긴장감이 생겨 진지한 영어 시간을 확보할 수 있기 때문입니다. 공부는 즐기는 것도 중요하지만 적당한 진지함과 긴장감도 필요하니까요.

영어 시험을 보고 나서는 시험 문제를 다시 훑어보고 전략을 세우는 시간을 갖습니다. 1년 후의 목표를 달성한 자신의 모습을 떠올리면서 무엇을, 어떻게, 얼마만큼 하면 좋은지에 대한 계획을 세우는 거예요. 또한 비슷한 상황이나 목표를 가진 사람의 체험 수기를 읽어보고 의욕을 높이는 것도 좋습니다. 체험 수기를 읽는 것 자체가 학습이 되지는 않지만 머릿속의 영어 모드를 서서히 가동시키는, 자동차에 비유하면 '액셀을 밟는다'는 측면에서 중요한 과정입니다.

이러한 과정을 거치면서 영어에 대한 거부감을 없애고 서서히 영어 시간을 확보해나갑니다. 이와 동시에 영어 시험을 2~3개월에 1번씩 정기적으로 보는 등 자기 나름의 페이스를 중심으로 어떤 문제집을 어떤 속도로 풀 것인지를 정합니다. 이렇게 '기초 작업'이 모두 끝났다면 집중해서 문제집을 푸는 영어 공부 모드를 시작할 수 있어요.

'기초 작업' 없이 무턱대고 공부 모드로 돌입하면 스트레스만 쌓일 뿐, 결코 지속할 수 없습니다. 따라서 서서히 액셀을 밟으면서 시간을 확보하는 속도를 자연스럽게 높여나가야 합니다.

'틈새 영어'로
시간을 확보하라

현대인들은 공부 시간을 확보하려고 해도 일 때문에 너무 바빠서 어려운 경우가 많아요. 자주 들어봤겠지만 그런 사람일수록 '틈새 시간'을 적극적으로 활용해야 합니다. 출퇴근이나 통학, 식사, TV 시청, SNS나 인터넷 검색을 할 때 또는 화장실, 출장을 오갈 때 등 일상생활 속의 다양한 틈새 시간을 영어 시간으로 바꾸면 꽤 많은 시간을 확보할 수 있습니다.

출퇴근이나 통학을 할 때 대중교통을 이용한다면 좌석에 앉든 서 있든 영어 단어장 정도는 펴볼 수 있을 거예요. 편도 30분~1시간을 집중하면 단어 10~20개 정도는 암기할 수 있습니다. 예를 들어, 왕복으로 하루에 2시간을 잡으면 단어 40개, 즉 1주일^{평균 5일}이면 10시간에 200개, 1개월이면 40시간에 800개, 1년이면 480시간에 9,600개를 암기할 수 있는 시간을 확보하게 됩니다.

'전략'에서 목표 달성을 위해 필요한 어휘 수를 계산했는데, 그 수를 적절히 나누어 '하루에 단어 ○○개를 암기한다'는 목표를 설정하고 출퇴근이나 통학 시간을 단어 암기 시간으로 정합니다. 그리고 귀가 후의 저녁 시간에 혼자 간단한 테스트를 해보고 잘 외웠는지를 확인하세요. 이러한 자그마한 노력을 1년 동안 지속하는 것만으로도 총 480시간, 즉 학창 시절에 40일간의 여름 방학 동안 하루에 12시간 공부한 것과 동일한 시간을 확보할 수 있습니다. 게다가 9,600개나 되는 단어를 익힐 수 있다니! 물론 사람의 기억력이란 컴퓨터가 아니라서 한 번 외웠다고 평생 기억할 수 있는 것이 아니므로, 여러 번 반복해야 합니다. 영어 단어 암기법에 관해서는 Part 4에서 자세하게 소개하겠습니다.

또한 출퇴근이나 통학할 때 지하철이나 버스 외에 걸어서 이동하는 시간도 있을 거예요. 편도 15분으로 잡으면 왕복 30분, 이 역시 '틈새 영어 시간'로 활용해보세요. 그런데 걸으면서 단어장을 펼쳐 보기란 쉽지 않으니 이때는 이어폰을 귀에 꽂고 듣기 연습을 하는 겁니다. 스마트폰에 영어 듣기 어플리케이션(이하 앱)을 이용하거나 영어 라디오 또는 오디오북으로 영어를 듣는 것도 좋은 방법입니다.

만일 스마트폰을 사용하지 않는다면, CD 교재를 활용해보세요. 걸으면서 이동할 때는 집중해서 듣기 문제집을 풀거나 단어를 외울 수 없습니다. 따라서 귀를 영어에 노출시키는 시간이라고 생각하고 그런 시간을 확보하는 것이 중요해요. 이 역시 왕복 30분이 걸린다고 치면 평일 5일로 계산해서 1개월이면 10시간, 1년이면 120시간으로 상당한 양의 영어 시간을 확보할 수 있습니다.

이밖에 틈새 시간으로 활용할 수 있는 것으로 이를 테면 밥 먹는 시간이 있습니다. 누구나 하루에 세 끼, 사람에 따라서는 두 끼를 먹으니까 이를 '틈새 영어 시간'으로 활용하면 상당한 시간을 확보할 수 있어요. 물론 '밥 먹는 시간까지 영어 단어를 외우거나 문제집을 푸는 것은 좀 그렇지 않나?'라는 의견도 있을 거예요. 사람에 따라서는 입맛이 떨어질 수도 있겠죠. 하지만 제가 제안하는 방법은 혼자 식사할 때에는 TV 프로그램을 영어로 시청하라는 것입니다. 딱히 주의 깊게 보지 않으면서 TV를 그냥 틀어놓은 채로 식사를 하게 될 때, 이 시간을 영어 시간으로 만들라는 뜻이에요.

예를 들어, 일본의 경우 지상파 뉴스나 영화는 일본어 주음성 외에 부음성으로 영어를 설정할 수 있습니다. 어차피 저녁 7시에 뉴스를 보면서 밥을 먹을 거라면, 이 시간을 틈새 영어 시간으로 바꿔보는 거예요. 물론 초보 학습자가 영어 뉴스를 듣고 이해하기란 쉽지 않습니다. 하지만 언어가 영어일 뿐, 뉴스 자체는 영상만 봐도 대충 어떤 내용인지 알 수 있어요. 여기서 중요한 점은 영어에 노출되는 시간을 확보하는 일입니다. 이러한 틈새 영어 시간을 아침 식사와 저녁 식사를 합쳐서 하루에 1시간 정도 확보한다면, 1개월이면 30시간, 1년이면 360시간이 됩니다. 한 달 내내 하루에 12시간 공부하는 것과 동일한 양이에요.

'티끌 모아 태산'이라고 했던가요? 이 속담처럼 앞에서 예로 든 것만 합쳐도, 1년이면 960시간입니다. 이외에도 화장실에 가거나 목욕을 하거나 이를 닦거나 출장 시의 이동 시간 등 다양한 상황에서 '틈새 영어'를 실천할 수 있습니다. 이런 시간까지 합치면 굳이 책상에 앉지 않아도 1년이면 1,000시간의 '틈새 시간'을 확보하게 됩니다.

스마트폰, 유튜브를 적극 활용하자

그리고 이러한 '틈새 영어'를 실천하기 위한 최고의 도구로 스마트폰과 인터넷, 유튜브 등 최신 IT 기기가 있습니다.

예를 들어, 아침 출근 시간에 지하철 안에서 영어 단어를 매일 암기한다면 하루에 2시간, 1년이면 480시간으로 단어 9,600개를 외울 수 있습니다. 이때 단어장을 들고 다니면서 암기하는 것도 좋은 방법이겠지만 스마트폰의 영단어 앱을 이용하면 단어와 예문을 음성으로도 확인할 수 있어 매우 유용합니다. 앱을 구입하지 않더라도 단어장에 제공되는 CD 음성 데이터를 스마트폰에 저장하면, 단어장을 보면서 동시에 발음까지 체크할 수 있어요. 원어민 발음이 귀를 통해서 전달되면 훨씬 더 실전적인 암기가 가능합니다.

또한 아침에는 뉴스가 궁금한 때인데, 영어로 뉴스를 보라고 제안하면 자연히 BBC나 CNN을 시청하려는 사람이 많습니다. 하지만 초보 학습자에게 무리가 될 수 있고 이로 인해 괜한 좌절감만 들 거예요. 그래서 저는 영어 뉴스 채널로 〈NHK World〉*를 권합니다. 일반적으로 해외 뉴스보다는 국내 뉴스가 더 궁금할 것이고, 그에 대한 배경 지식도 많기 때문이에요. 관심도 없고 흐름을 파악하기 어려운 외국 소식을 들어봤자 내용이 머릿속에 하나도 들어오지 않아서 대개 일회성으로 끝나고 맙니다. 공식 사이트에서 뉴스 동영상을 무료로 시청할 수 있고, 스마트폰 앱으로도 시청할 수 있으니 지하철 안에서 이어폰을 꽂고 시청하거나 걸으면서 이동 중일 때는 음성만 들어도 좋습니다.

* 우리나라에는 국내 뉴스를 실시간으로 접할 수 있는
〈네이버 영문 오디오 뉴스〉가 있다. (https://goo.gl/zN9d4)

식사 시간도 마찬가지예요. 앞에서는 부음성을 이용해서 영어로 TV를 시청하는 방법을 제안했습니다. TV는 수동적인 데다가 방송국의 무료 채널에는 한계가 있으므로, 간혹 좋아하는 프로그램을 시청할 수 없기도 합니다. 그러나 유튜브를 이용하면 자기가 좋아하는 영어 동영상을 무료로 마음껏 시청할 수 있어요. 또한 컴퓨터는 물론 태블릿 PC, 스마트폰으로도 시청할 수 있습니다.

이를 활용한 영어 공부법은 이전 저서인 『YouTube 영어 공부법』(국내 미출간)에 자세하게 정리했는데, 그중 핵심 부분만 간단하게 언급하면, 식사할 때는 스포츠나 음악, 예능 등의 가볍게 시청할 수 있는 오락 프로그램이 적당합니다. 언어 설정을 영어로 바꾸고 연속 재생을 하면 마치 미국의 스포츠 전문 채널이나 음악 전문 채널을 시청하고 있는 듯한 기분이 들 거예요. 식사하느라 영어를 알아들을 수는 없어도 전혀 개의치 말고 영상을 즐기면서 시청합시다. 비록 '공부했다'는 기분은 들지 않겠지만, 매일 꾸준히 1년 동안 영어에 귀를 노출시키면 나중에는 큰 힘이 될 테니까요. 반복해서 강조하지만 하루에 1시간만이라도 꾸준히 지속하면 1년에 360시간이나 확보할 수 있다는 걸 명심합시다.

이밖에 화장실에 가거나 이를 닦는 시간에는 페이스북이나 트위터 활동을 영어로 해보세요. 하루를 어떻게 보냈는지 일기를 쓴다는 생각으로 밤에 이를 닦으면서 영어로 생각해보는 겁니다. 트위터는 영어 뉴스의 공식 계정이나 좋아하는 해외 유명인을 팔로우해뒀다가 재미있는 글이 올라오면 영어로 한 줄 정도 코멘트를 달아보세요. SNS상의 짧은 문장은 어렵지 않게 금세 쓸 수 있을 거예요. 다른 영문 기사나 글을 재료로 쓴다면, 아무것도 없는 상황에서 영어로 쓰는 것보다 훨씬 수월하답니다.

이렇듯 유튜브와 스마트폰, 앱, 페이스북 등 나날이 발전하는 편리한 IT 도구를 활용하면 살아 있는 영어를 접하는 데 큰 무리가 없습니다. 일부러 시간과 돈을 들여서 미국 현지로 유학을 떠나지 않아도 국내에서 얼마든지 해외에서 생활하는 것처럼 지낼 수 있습니다.

학습 시스템을 만들고 일상생활 속의 도구를 활용하여 습관화하면 그 다음은 지속하는 것이 중요해요. 바빠서 제대로 된 학습시간을 확보할 수 없다며 가만히 앉아서 한탄만 할 것이 아니라, 편리한 도구를 최대한 활용하여 '틈새 영어'를 실천해봅시다.

취미, 오락도 '영어 시간'으로 만든다

앞에서 매일 식사 시간을 활용해서 스포츠나 음악, 예능 등의 오락 프로그램을 영어로 시청하는 방법을 소개했습니다. 이렇게 취미나 오락 시간도 영어로 즐기면 굳이 애쓰지 않아도 영어 시간을 쉽게 확보할 수 있어요.

Part 1의 '영어 뇌'에서도 언급했듯이, 자기가 좋아하거나 관심이 있는 분야를 영어로 즐기면 영어에 대한 거부감이 줄어들고 친숙하게 느끼게 됩니다. 또한 자기가 좋아하는 것에 푹 빠지게 되면 자연스럽게 '영어 시간'을 확보할 수 있어요. 영화나 드라마가 좋다면 우리말 더빙을 보지 말고 반드시 영어로 감상하세요. 음악이 좋다면 외국 가수의 음악을 듣고 만화가 좋다면 영어로 번역된 만화책을 읽으면 됩니다.

예를 들어, 주말에 좋아하는 영화를 1편씩 영어로 감상해보세요. 앞에서도 언급했듯이, 내용을 이해할 수 있도록 첫째 날부터 6개월까지는 영어 자막을 설정해서 보는 것도 좋은 방법이에요. '영어 공부'라고 생각하고 필사적으로 들으려 하지 말고 취미로 영어를 즐기는 것입니다. 군것질을 즐기면서 편안하게 감상해보세요. 콜라에 팝콘을 먹으면서 보면 마치 미국에 온 듯한 기분까지 들 거예요. 또한 매주 '다음번에는 어떤 영화를 볼까?'하는 고민도 하나의 즐거움이 될 수 있겠죠. 장르는 액션과 SF, 러브 스토리, 드라마, 디즈니 애니메이션 등 자기 취향이나 그날의 기분에 따라 선택하면 됩니다.

주말에 1편씩 1주일에 2편의 영화를 본다고 하면 1주일이면 4시간, 1개월이면 16시간, 1년이면 192시간을 확보할 수 있고 영화도 96편이나 감상할 수 있습니다. 이렇게 적은 시간이 쌓이고 쌓이면 엄청난 양이 될 거예요. 취미나 오락을 모국어에서 영어로 전환하여 즐기는 것만으로도 스트레스 없이 영어에 노출되는 시간을 확보할 수 있습니다.

물론 드라마도 좋아요. 드라마의 경우는 1회당 30분~1시간 정도로 비교적 짧아서 더 자주, 더 많은 시간을 확보할 수 있습니다. 다음 회에 이야기가 어떻게 전개될지 궁금해져 보고 싶은 욕구도 영화보다 강하겠죠. 지금까지 모국어로 드라마를 봤던 시간을 이제는 영어로 본다는 마음가짐으로 드라마를 시청해보세요. 예를 들어, 미국의 대표적인 드라마 〈프렌즈〉는 시즌 1이 12회로 4시간 반 정도 분량입니다. 전체 10개의 시즌을 모두 시청하면 50시간이나 영어에 노출되는 셈이에요. 이 역시 상당한 양의 실전 영어 시간입니다. 영어회화를 잘하는 사람에게 영어 공부를 어떻게 했냐고 물으면 〈프렌즈〉에 흠뻑 빠져서 밤새도록 봤다고 말하는 사람이 꽤 있을 거예요.

영어로 뭔가에 '빠진다'는 것은 '영어 뇌'를 형성하고 '영어 시간'을 자연스럽게 확보하는 데 매우 효과적입니다. 영화나 드라마 말고 만화책도 좋아요. 앞에서도 언급했듯이, 일본의 유명한 만화 작품은 대다수 영어로 번역되어 있습니다. 인기 만화는 시리즈로 나오는 경우도 많아서 일단 '빠지게' 되면 저절로 장시간 동안 영어로 읽게 될 거예요. 가령 『원피스』는 이미 70권 이상이 출판되어 있습니다. 1권을 읽는 데 1시간 정도가 걸린다고 치면 70권이면 70시간입니다. 이는 매일 1시간씩 2~3개월 동안 공부하는 분량과 같습니다.

사람은 아무리 바빠도 취미나 오락에 시간을 할애하기 마련입니다. 이러한 시간을 우리말에서 영어로 전환하여 즐기는 것만으로도 상당히 많은 시간을 저축할 수 있어요. 그리고 무엇보다 즐기면서 '빠지게' 되므로 저절로 지속된다는 것이 가장 큰 장점입니다.

방 전체를 '영어 공간'으로 만든다

영어로 드라마나 만화를 즐기면서 영어 시간을 확보하라는 이야기를 했는데 영어와 관련된 '사물'을 물리적으로 주변에 배치하면 마치 외국에서 생활하는 듯한 분위기를 조성할 수 있습니다. 이렇게 방 전체를 '영어 공간'으로 만드는 것도 공부를 위한 좋은 방법이에요.

예를 들어, 책장에 토플이나 토익 교재, 영어 만화책, 영어 비즈니스 서적을 꽂아두세요. 텔레비전 주변에는 영어 드라마나 디즈니 영화 등의 DVD를 두는 거예요. 거실에는 《타임》TIME, 《보그》VOGUE 등의 영문 잡지와 신문을 놓고, TV는 부음성 설정으로 영어가 흘러

나오도록 세팅합니다. 이렇게 물리적으로도 영어로 둘러싸인 환경을 조성하면 영어 시간을 훨씬 수월하게 확보할 수 있습니다.

저는 이 방법 외에도 모르는 영어 단어나 문구를 접착식 메모지에 적어서 방 여기저기에 붙여놓았어요. 문제집을 풀거나 만화책이나 영어책을 읽다 보면 모르는 단어나 표현을 접하게 됩니다. 이때 접착식 메모지의 앞면에는 단어를 적고 뒷면에는 그 의미를 모국어로 적습니다. 그리고 책상 옆이나 화장실 벽, 방문, 부엌에서 식사할 때 눈이 자주 가는 곳 등 구석구석 눈이 닿는 곳이라면 집 안 어디든 붙여두고 틈새 시간을 활용해서 외웠습니다. 만일 붙여두었던 단어나 표현을 충분히 외웠다고 판단되면 떼어내어 공책에 가지런히 붙여서 모으세요. 이렇게 해서 만든 공책은 저만의 소중한 단어장이 되고, 나중에 들춰보면서 잊어버린 단어는 없는지 재차 확인함으로써 영어 단어를 장기간 기억할 수 있습니다.

하루에 10~20장 정도의 접착식 메모지를 만들면 항상 100~200장 정도의 영어 단어가 방 이곳저곳에 붙어 있는 셈이 됩니다. 방 안에서 이리저리 눈을 돌려도 온통 영어로 둘러싸인 상태, 즉 영어에서 벗어날 수 없는 상태로 만드는 것입니다.

또한 앞에서 영어로 번역된 만화책을 책장에 쭉 늘어놓는다고 했는데 만화책의 한 장면을 복사해서 방에 붙이는 방법도 좋습니

방 전체를 '영어 공간'으로!

다. 모르는 단어가 있는 페이지나 마음에 드는 문구가 있는 페이지를 복사해서 붙이는 거예요. 이렇게 하면 영어 글자만이 아니라 만화 장면도 함께 기억에 남아 훨씬 더 오랫동안 기억할 수 있습니다. 이는 만화책뿐만 아니라 잡지도 마찬가지겠죠. 영문 패션 잡지나 할리우드 배우의 인터뷰 기사 등을 복사하거나 스크랩해서 방에 붙여두면 단순히 영어로 둘러싸인 방이 아니라, 자기가 좋아하는 것으로 가득 찬 '영어 방'이 됩니다.

어쨌든 24시간 내내 영어에 노출되는 환경을 만드는 것이 중요해요. 그렇게 하면 좋든 싫든 영어에 노출되어 영어를 마주하게 되고 영어로 생각하게 되니까요. 일상과 분리된 형태로 일부러 영어 시간을 만드는 것이 아니라, 일상의 시간이 모두 영어에 노출되는 환경을 조성하는 겁니다. 회사, 학교 등과 같은 공공장소에서는 불가능하겠지만 적어도 자기만의 일상적인 공간은 모두 '영어 공간'으로 만들 수 있잖아요?

앞에서 IT 도구를 활용한 틈새 영어 실천법을 제안했는데, 디지털뿐만 아니라 아날로그 측면의 물리적인 환경도 영어에 노출되도록 만드는 점이 의외로 중요합니다. 실제로 유학이나 이민 등의 현지 생활을 통해서 얻을 수 있는 공부 효과와 동일합니다. 외국에서 생활하면 집 안에서는 어떨지 몰라도 외출만 해도 영어에 노출되는 상태에 놓입니다. 당연히 굳이 애를 써서 '영어 시간'을 확보하려 하지 않아도 저절로 영어에 노출되고 영어로 생각하게 됩니다. 따라서 국내에 있으면서도 마치 외국에서 생활하는 것 같은 환경과 공간을 조성한다면 영어 공부에 매우 효과적일 거예요.

'주말 유학'을
떠나보자

틈새 시간을 활용하는 것도 물론 중요하지만 하루 종일 영어에 푹 빠져 있는 시간도 필요합니다. 장시간 '영어로 샤워를 한다'는 기분으로 지내면 뇌가 영어와 친숙해져 '영어 뇌'를 형성할 수 있습니다.

학생이든 회사원이든 사람들은 대부분 주말에 한가로운 편이죠. 토, 일 이틀 동안 단기 유학, 단기 해외여행, 단기 해외 거주를 한다는 기분으로 영어와 데이트를 즐겨보세요. 영어 학원에 가서 원어민을 만나는 것이 아니라 '주말 유학'을 떠나는 것입니다.

즉, 아침에 일어나서 잠들기 전까지 철저하게 영어를 사용하세요. 영자 신문을 읽거나 영어 뉴스를 듣고 TV 프로그램을 영어로 시청하고 영어 문제집을 풉니다. 유튜브에서 영어 스피치를 찾아서 보고 따라하고 영어로 영화를 감상하며 스카이프Skype*로 친구와 영어 대화를 나눕니다. 음악도 외국 가수의 노래를 듣고 영어책이나 영문 잡지를 읽고 영어 웹사이트에 접속해 가보고 싶은 여행지를 조사해보세요. 또한 그날의 일기를 페이스북에 영어로 씁니다. 이렇게 모든 생활을 영어로 해보는 거예요. 혼잣말을 할 때나 머릿속으로 생각할 때도 영어를 사용하세요. 마치 미국이나 영국, 호주로 유학을 떠났다는 기분으로 주말을 보내는 것입니다.

실제로 하루 종일 영어를 쓰는 '주말 유학'은 학습 초기 단계에서는 답답하고 스트레스가 쌓일 수 있어 쉽지 않습니다. 그래도 '유학을 간다면 이런 생활이겠지?', '외국에서 살게 된다면 주말을 이렇게 보내겠지?' 등을 상상해보면 긍정적인 자세를 지속할 수 있을 거예요.

또한 '주말에는 영어를 쓰자!', '토요일, 일요일에는 혼자만의 유학을 떠나자!'라며 스스로 각오를 다지면 습관적으로 영어 시간을 확보할 수 있어서 자기만의 학습 속도를 조절할 수 있습니다.

그런데 사람은 구체적인 시간을 정하지 않으면 '시간이 나면 그

---

* 인터넷 전화 서비스

때 하지 뭐'라며 자꾸 뒤로 늦장을 부리는 습성이 있습니다. 그래서 반드시 해야 하는 시간을 자신과 약속해야 원하는 성과를 얻을 수 있어요.

주말은 시간으로 환산하면 48시간입니다. 실제로 저는 잘 때도 영어로 악몽을 꾸었는데, 대개는 그렇지 않을 테니 24시간에서 수면 시간을 제외하면 일반적으로 하루에 14시간을 영어에 투자하는 셈입니다. 저는 대학 입시를 준비할 때도 하루에 14시간을 공부했고 하버드 대학원을 준비할 때도 하루 14시간을 영어에 투자했습니다. 단, 영어 공부의 경우, 14시간 안에는 문제집을 풀거나 영어 수업을 듣는 순수한 공부 시간 이외에 영어로 영화를 감상하거나 라디오를 듣거나 만화책을 읽는 시간도 포함시켰습니다.

'주말에 유학을 떠난다'는 기분으로 하루 14시간, 때로는 다른 일정이 생길 수도 있으므로 무리하지 않는 범위 내에서 10시간 정도를 투자한다고 생각하세요. 이때 순수하게 학습에 몰두하는 '집중 모드'의 영어 시간뿐만 아니라, 영어로 취미를 즐기는 '오프 모드'의 영어 시간도 절반 정도 포함시키면 좋겠죠. 매주 토, 일에 하루 10시간씩 영어에 투자한다면, 주말만 활용해 1개월이면 80시간, 12개월이면 960시간으로 대략 1,000시간을 영어에 투자할 수 있습니다.

이렇게 확보한 '주말 유학'의 1,000시간도 '틈새 영어'와 마찬가지로 1년 동안 지속한다면 눈에 보일 정도로 큰 격차가 벌어질 거예요. 이는 영어 공부에서 매우 중요한, 그리고 강력한 투자 자원이 됩니다.

24시간 함께해도
질리지 않는 영어 공부법

앞에서 '주말에 유학을 떠난다'는 기분으로 토, 일 이틀 동안 영어에 푹 빠져서 지내보라고 제안했습니다. 하지만 하루 종일 '좋아하지도 않는 영어 공부를 계속하라니 너무 가혹하다!'며 부담스럽게 생각하는 사람도 많을 거예요. 그래서 여기서는 24시간 동안 영어와 함께 지내도 질리지 않는 방법을 소개합니다.

영어에 질리지 않으려면 영어를 본격적으로 공부하는 집중 모드와 영어로 취미를 즐기는 오프 모드를 적절히 섞어서 배분해야 해요. 지금까지 아침에 일어나 잠들기 전까지 철저하게 영어를 사용하는 다양한 사례를 언급했습니다. '영자 신문을 읽거나 영어 뉴스를 듣는다', '영어로 문제집을 풀거나 영어 스피치를 따라한다', '스카이프로 영어회화를 나누거나 영어책이나 영문 잡지를 읽는다', '영어 일기를 쓴다' 등은 집중 모드에 해당합니다. 한편 'TV를 영어로 시청하거나 영화를 영어로 감상한다', '음악을 영어로 듣거나 영어 웹사이트에 접속해서 여행지를 검색한다' 등은 부담이 적은 오프 모드라고 할 수 있죠.

만일 집중 모드로 공부를 하다가 지친다 싶으면 오프 모드로 스트레스를 풀어주세요. 단, 오프 모드일 때도 영어로 취미를 즐겨야 합니다. 집중 모드가 아니더라도 영어에 노출되는 총량이 의외로 중요하므로 이는 반드시 지켜주세요.

앞에서 언급했듯, 토, 일 '주말 유학'에는 반드시 좋아하는 영화 DVD를 1편 빌려서 영어로 감상하세요. 오전에 집중 모드로 열심히 공부했다면, 점심 식사 이후의 나른한 오후 시간을 활용합니다. 경우에 따라서는 러닝 타임 2시간을 절반으로 나누어 1시간씩 시청해도 좋아요. 아무리 영화라도, 또한 자막이 있더라도 초급자에게 영화를 영어로 감상하기란 사실 쉽지 않아요. 그러니 1시간씩 나누어 감상하면 스트레스가 덜 쌓일 겁니다. 또한 그사이에 집중 모드를 끼워 넣어 기분 전환용으로 활용해도 좋습니다. 물론 내용이 궁금해서 한꺼번에 다 보고 싶은 사람은 2시간을 연이어 봐도 상관없어요.

핵심은 지치지 않고, 질리지 않고, 지속할 수 있는 자기만의 스타일을 확립하는 것입니다. 매주 영화나 드라마를 영어로 시청하는 '오프 모드'의 규칙을 습관화하면, '주말 유학'의 페이스메이커로 활용할 수 있습니다. 또한 주말 내내 영어와 함께해도 질리지 않을 기분 전환용의 '비장의 카드'가 되므로 반드시 실천해보세요.

덧붙여 취미를 영어로 즐기는 오프 모드를 일정에 적절히 배분하는 것도 물론 효과적이지만, 질리지 않고 집중 모드를 장시간 실천하게 하기 위한 또 다른 요령이 있습니다. 바로 1시간씩 나눠서 다양한 방식을 시도하는 것입니다.

예를 들어, 듣기 문제집을 푸는 시간, 스피치를 시청하고 실제처럼 따라해보는 시간, 영어로 일기를 쓰거나 논술을 쓰는 시간, 영어책을 읽는 시간 등 집중 모드일 때의 공부법을 1시간마다 바꿔보세요. 이는 학교 시간표가 국어, 체육, 영어, 음악 등 다양한 교과목으로 짜인 것과 동일한 접근 방법입니다.

또한 실제로 유학을 가면, 영어를 사용하는 강의에는 다양한 코스가 있습니다. 교수의 강의를 듣는 시간, 다른 학생들과 토론하는 시간, 과제 논문을 읽는 시간, 리포트를 쓰는 시간 등 영어를 다양하게 사용합니다. 이렇듯 영어를 다양하게 사용하는 방법을 실천하고 여러 상황에서 영어에 노출되면 질리지 않으면서 자연스럽게 단계를 거쳐서 영어와 친해질 수 있습니다.

국내에서 혼자 공부를 하더라도, 이런 기분으로 하루 종일 영어에 푹 빠져보세요. 오프 모드와 다양한 집중 모드를 적절하게 배분하여 학습 속도를 조절하면 상당한 효과를 얻을 수 있습니다.

영어 공부 2,000시간은 즐겁고 효과적으로!

이번 파트에서는 영어 시간을 어떻게 확보할 것인지에 대해 설명했습니다. 왜냐하면 어학 습득의 성공을 결정짓는 중요한 요소가 언어에 노출되는 시간이기 때문이에요.

시중의 영어 공부법 관련 서적 중에는 시간을 투자하지 않아도 요령에 따라서 얼마든지 영어를 잘할 수 있다는 인상을 심어주는 경우가 적지 않습니다. 물론 효율적으로 실전 영어를 사용할 수 있는 방법도 있고, 지금까지 우리의 영어 교육이 그와 반대되는 길을 걸어왔기에 분명히 발상 자체를 바꿀 필요는 있습니다. 이 책도 그러한 발상의 전환과 효율적인 학습법, 그리고 어떻게 학습 전략을 세우고 실천해야 확실한 성과를 얻을 수 있는지에 대해서 다루고 있습니다.

하지만 시간을 투자하지 않아도 영어를 잘할 수 있다는 것은 착각일 뿐입니다. 영어를 구사하려면 일정한 시간을 투자해야 합니다.

그래서 바쁜 와중에도 틈새 시간을 어떻게 활용해서 영어 시간으로 만들 것인지, 비교적 한가한 주말과 평일 저녁 시간대를 어떻게 공부에 지속적으로 활용할지에 대해서 소개했던 것입니다.

일반적으로 영어를 구사할 수 있는 레벨에 도달하는 데 3,000시간의 학습이 필요하다고 해요. 물론 개인차가 있고 영어를 실제로 구사할 수 있는 레벨을 어떻게 정의하느냐에 따라서 다르겠지만, 전략과 계획을 세울 때 이 '시간'이 기준이 됩니다.

일반적으로 중학교와 고등학교에서 진행하는 영어 수업은 대략 780시간이라고 해요. 여기에 입시 공부 등의 자율 학습 시간을 더하면 약 1,000시간을 영어에 투자한다고 볼 수 있습니다. 중학교, 고등학교에 다니면서 6년간 영어를 공부했다고 하면 상당히 많은 시간을 투자하는 것 같지만 실제로는 1,000시간밖에 되지 않아요. 이것은 영어를 구사하는 데 필요한 3,000시간에 비하면 턱없이 부족합니다.

기존의 영어 교육은 영문을 독해하는 훈련에 중점을 두었기 때문에 대부분의 사람들은 1,000시간을 투자한 성과로 독해 능력은 어느 정도 갖추고 있습니다.

그런데 실제로 영어를 구사할 수 있는 레벨에 도달하려면 총 3,000시간이 필요합니다. 따라서 앞으로 2,000시간을 더 확보해야 한다는 거예요. 대학에서 영어 강의를 수강한 사람이라면 1,500시간 정도가 될 테고요.

어학 학습 출판사로 유명한 일본의 아루쿠^{アルク}는 『1,000시간 듣기』(국내 미출간)라는 CD 교재를 대표 상품으로 판매합니다. 이는 일본인이 학교 교육의 구조상 부족했던 듣기 영역에 시간을 집중적으로 투자하여 성과를 얻으려는 전략입니다. 이 책에서도 실전 영어 듣기에 1년 동안 1,000시간을 투자하기를 기준으로 삼고 있습니다.

그래서 저는 지속적으로 영어에 노출되도록 집중 모드와 함께 '틈새 영어'와 '즐기는 영어'를 활용해서, 1년에 총 2,000시간을 확보하라고 제안합니다. 그렇게 하면 중학교, 고등학교에서 학습한 1,000시간과 함께 3,000시간을 영어에 투자할 수 있기 때문이에요. 확실하게 목표를 달성하고 영어를 구사할 수 있으려면, 이렇게 착실하면서도 현실적인 투자가 필요합니다.

그렇다면 중학교, 고등학교에 다니면서 6년 동안 겨우 1,000시간을 투자했는데, 단 1년 만에 어떻게 2,000시간을 확보할 수 있을까요? 현실적으로 과연 가능한 일일까요? 제 대답은 '그렇다'입니다. 지금까지 소개한 방법을 실천하면, 확실히 1년간 2,000시간의 영어 시간을 확보할 수 있습니다. 반면 10년에 걸쳐서 조금씩 공부한다고 생각하면, 대부분의 사람들은 지속하지 못하고 중도에 포기하고 말 거예요. 사람은 1년 후의 확실한 성과를 얻기 위해서는 열심히 노력할 수 있지만 10년 후의 먼 미래의 성과에 대해서는 뒤로 미루기 십상이니까요. 입시 공부도 그렇지 않은가요? 따라서 10년에 걸쳐서도, 아니 16년에 걸쳐서도 할 수 없었지만 '일닥영어'를 실천하면 그 기간을 1년으로 단축시키고 반드시 목표를 이룰 수 있습니다.

틈새 영어와 주말 유학으로 2,000시간을 확보하자

'영어를 1년에 2,000시간 공부한다'고 하면 무척 긴 시간처럼 느껴집니다. 그러나 앞에서도 언급했듯이 '공부'하는 집중 모드만이 아니라, 음악을 영어로 듣거나 영화를 영어로 감상하거나 만화를 영어로 읽는 등의 오프 모드도 값진 '영어 시간'으로 계산합니다.

이렇게 시간을 적절히 배분하고 지금까지 소개했던 '틈새 영어'와 '주말 유학'을 실천하면, 1년에 2,000시간의 영어 시간은 충분히 확보할 수 있어요.

출퇴근이나 통학 시간에 영어 단어를 외운다면 하루 왕복 2시간씩 1년이면 480시간입니다. 주말과 국경일 등을 제외한 240일 기준. 만일 걸어서 출퇴근하거나 통학하는 시간에 이어폰을 귀에 꽂고 영어를 들으면 하루에 30분, 1년이면 120시간이에요.

식사 시간에 영어로 TV 프로그램이나 유튜브 동영상을 하루에 1시간씩 평일에만 시청한다고 가정하면 1년이면 240시간입니다. 여기에 방 전체를 '영어 공간'으로 만들고 화장실에 가거나 이를 닦거나 목욕하는 시간을 틈새 영어에 투자하면, 평일 하루에 10분씩 1년이면 40시간입니다. 이렇게 확보되는 틈새 영어 시간을 모두 합치면 총 880시간이 만들어집니다.

또한 평일에도 하루에 1시간(딱 1시간이면 됩니다!)만 집중 모드를 실천하면 1년에 240시간이에요.

결국 이렇게 확보한 틈새 영어와 집중 모드를 모두 합치면 1년에 1,120시간으로 1,000시간이 넘습니다. 그리고 회사나 학교에 가지 않아도 되는 주말에는 24시간 내내 영어와 함께하는 '주말 유학'을 떠납니다. 이때는 영화와 드라마를 즐기는 오프 모드를 적절히 배분하고 문제집을 풀거나 스피치를 따라하는 집중 모드도 함께 병행합니다. 만약에 토, 일에 10시간씩 투자할 수 있다면, 주말 유학은 '10시간×2일×4주간×12개월 = 총 960시간'이 될 거예요.

틈새 영어를 중심으로 평일과 주말 유학을 모두 합치면 총 2,080시간으로 2,000시간을 충분히 확보할 수 있습니다.

이렇듯 '2,000시간을 어떻게 만들어?'라며 터무니없이 길게만 느끼던 것도 매일 10분씩, 30분씩 투자하면 충분히 극복할 수 있습니다. Part 2의 '전략'에서도 언급했듯이, 도저히 오를 수 없을 것 같은 '거대한 산'을 잘게 잘라서 분해하면 '작은 계단'이 되는 거예요.

작은 계단을 한 걸음씩 천천히 오르면 누구나 정상에 도달할 수 있습니다. 그렇습니다. '일닥영어'는 전략적으로나 계획적으로나 누구나 실천할 수 있는 승리의 방정식을 통해서 우리를 성공의 길로 이끌어줄 것입니다.

게다가 '16년 동안 조금씩 하자!'보다 '1년 동안 열심히 해서 영어를 마스터하자!'라고 마음먹는 편이 훨씬 덜 부담스럽고 의욕이 샘솟을 거예요. '2,000시간'이라고 하면 무거운 짐처럼 느껴지지만 '1년'이라고 생각하면 그리 길게 느껴지지 않습니다. 중학교, 고등학교에 다니면서 6년 동안이나 공부했는데 단 1년을 투자한 것으로 영어를 구사할 수 있게 된다면 이만한 이득이 어디 있겠어요?

1년 만에 영어로 말할 수 있게 된다!

그렇게 되려면 마법이 아닌, 어학의 왕도인 '시간'을 반드시 투자해야 합니다. 단, 그 시간을 효과적으로 즐겁게 지속적으로 확보하는 데는 요령이 있습니다. 앞에서 말한 방법대로 틈새 영어와 주말 유학을 실천하여 그 요령을 꼭 터득하길 바랍니다.

16배속 Summary

'틈새 영어'와 '주말 유학'으로
2,000시간을 만드는 방법

1. 출퇴근/통학 시간 사용법

   ❶ 영어 단어 외우기

   ex) 왕복 2시간/d × 240일 (주말 및 국경일 제외) = 480시간

   ❷ 스마트폰을 이용해 영어 라디오나 오디오북 듣기

   ex) 왕복 30분/d × 240일(주말 및 국경일 제외) = 120시간

2. 식사 시간을 이용해 CNN이나 유튜브 보기

   ex) 1시간(아침/저녁식사)/d × 240일 = 240시간

3. 짬짬이 팝송, 영어 라디오 듣기

   ex) 10분/d × 240일 = 40시간(2,400분)

4. 영어 스피치 섀도잉과 딕테이션 하며 집중 모드 돌입

   ex) 1시간/d × 240일 = 240시간

5. 주말 유학 떠나기

   ex) 20시간/이틀 × 4(한달) × 12(1년) = 960시간

▶ 총 합계 : 2,080시간 완성!

PART
4

효율

즐겁게
집중하는 것이
최고의
영어 공부법

Great minds have purposes, others have wishes.

위대한 이들은 목적을 갖고, 그 외의 사람들은 소원을 갖는다.

워싱턴 어빙 *Washington Irving*

즐겁게 집중하는 것이
가장 효율적이다

앞에서 영어를 확실하게 습득하려면 '시간'이 중요하다고 설명했습니다. 그런데 이와 동시에 영어 시간의 '양量'을 충분히 확보하는 것을 전제로, 투입한 시간의 '질質'을 높여야 비로소 학습 성과를 향상시킬 수 있습니다. 질을 높이는 것은 '16배속 영어 공부법'의 방정식인 '영어 공부의 성과=영어 뇌×전략×시간×효율'의 마지막 요소인 '효율'에 해당합니다. 이번 파트에서는 '효율'을 향상시키기 위한 구체적인 방법에 대해 살펴보도록 하겠습니다.

공부의 효율을 향상시키려면 '집중력'을 높여야 해요. 이는 모든 공부에 해당되는 사항이므로 그 이유에 대해서 굳이 설명할 필요는 없겠죠. 그러나 영어 학습에서는 한 가지 더 중요한 것이 있습니다. 바로 '진정한 영어 시간'의 비율을 높이는 거예요.

일부러 '진정한'이라는 수식어를 붙인 이유는 우리의 영어 교육이 영어를 영어로 가르치지 않고 우리말로 바꿔 생각하게 하고 우리말로 번역하게 만들고 있기 때문입니다. 이런 교육 방식은 아무리 영어에 시간을 투자한다고 해도 '영어라는 재료를 우리말로 생각하는 시간'이 많아서 '진정한 영어 시간'의 비율은 매우 낮을 수밖에 없습니다. 결과적으로 '영어 뇌'를 형성할 수 없고 '효율'도 좋지 않아요. 아무리 '영어 공부의 성과=영어 뇌×전략×시간×효율'을 열심히 실천한다고 한들 성과는 떨어질 수밖에 없겠죠.

같은 시간을 투자해 효율을 최대화하려면 되도록 살아 있는 영어를 접하고 영어로 생각하고 영어로 직접 이해하려고 노력해야 합니다. 그래야 '진정한 영어 시간'의 비율을 높일 수 있어요.

하지만 초급 학습자가 살아 있는 영어를 접하고 영어로 직접 이해하기에는 진입 장벽이 너무 높을 수 있어요. 처음부터 원어민 영어를 듣다가 무슨 말인지 알아들을 수 없어서 꾸벅꾸벅 졸거나 집중력이 저하되는 경우가 허다합니다. 실제로 저도 알아듣지도 못하는 BBC를 시청하다가 졸기 일쑤였고, 결국 영어 공부에 실패하기도 했습니다.

그런데 살아 있는 영어를 접하고 '진정한 영어 시간'의 비율을 늘리면서 집중력을 유지할 수 있는 방법이 있습니다.

그 첫 번째 방법이 좋아하거나 잘하는 분야 또는 관심 있는 분야를 영어로 즐기는 거예요. Part 1의 '영어 뇌'에서도 언급했지만, 보다 구체적으로 효율을 높이는 방법에 대해 소개하겠습니다.

두 번째 방법은 시험 점수라는 명확한 목표를 달성하기 위해서 '게임을 즐긴다'는 기분으로 푹 빠지는 것입니다. 앞서 Part 2의 '전략'에서 1년간의 목표를 달성하기 위해 해야 할 일을 세분화하고 하루 과제량을 정해서 공략하는 관점을 소개했죠. 여기서는 목표 달성을 위해 1시간 동안 '게임을 즐긴다'는 기분으로 어떻게 집중력을 높일 것인지에 대한 구체적인 방법을 소개하겠습니다.

'진정한 영어 시간'의 비율을 늘리고 집중력을 높이면 투자한 시간이 동일하더라도 학습 성과는 2배, 아니 3배까지 끌어올릴 수 있습니다.

'유튜브 영어 공부법'의
6가지 단계

　　살아 있는 영어를 좋아하거나 관심이 있는 분야로 즐김으로써
집중력을 높이고 학습 효율을 향상시키는 방법으로 유튜브 활용법
을 제안합니다. 유튜브에는 상당히 많은 양의 영어 동영상이 업로
드되어 있고 폭넓은 장르는 물론, 질적인 측면에서도 수준 높은 영
어를 무료로 접할 수 있습니다. 검색을 통해서 자기가 좋아하는 동
영상을 찾으면 영어를 직접적으로 즐길 수 있고 저절로 집중력도
높아집니다.

　　유튜브는 앞에서 언급했던 활용법 외에 훨씬 더 폭넓게 이용할
수 있어요. 또한 자기의 영어 레벨과 학습 단계에 맞춰 구분하여 활
용하는 것이 '효율'을 높이는 포인트이기도 합니다. 이는 '일닥영어'

의 '전략'과도 깊은 관련이 있습니다.

저는 영어 공부를 6가지 단계로 나
눈 '유튜브 영어 공부법'을 개발했습
니다. 6가지 단계는 이렇게 나뉩니다.
STEP 1은 공부를 시작한 첫날부터 1주
일까지, STEP 2는 1주일부터 1개월까지, STEP 3은 1~3개월까지,
STEP 4는 3~6개월까지, STEP 5는 6~9개월까지, STEP 6은 9~12
개월, 즉 1년 기준입니다. 순서에 따라서 단계를 밟아나가면 1년 동
안 영어를 즐기면서 효율도 높은 공부법을 실천할 수 있습니다.

이번에는 6가지 단계의 개요에 대해서 자세히 살펴보겠습니다.
첫날부터 1주일까지에 해당하는 STEP 1에서는 일단 영어를 즐기
면서 '영어 뇌'를 활성화시키는 것이 최우선 과제입니다. 유튜브 검
색창에 좋아하는 외국 가수나 노래 제목에 'subtitles자막', 'lyrics가
사'를 함께 입력하여 동영상을 찾습니다. 그리고 영상을 즐기면서 영
어 가사를 직접 이해하고 외우세요. 좋아하는 가수의 동영상과 목
소리, 가사가 시각과 청각을 통해서 뇌에 전달되면 이미지와 감정
이 영어와 직접적으로 연결되어 보다 효과적으로 영어 문구를 기억
할 수 있습니다.

그리고 5~10분 정도로 짧은 ESL 강의 동영상을 골라서 시험

삼아 들어보고 지속적으로 수강하는 습관을 기릅니다. 일부러 해
외로 유학을 떠나거나 값비싼 영어회화 수업료를 지불하지 않아도,
ESL 동영상 강의는 유튜브를 통해서 무료로 얼마든지 볼 수 있어
요. 앞에서 추천했던 〈JenniferESL〉 외에 〈podEnglish〉도 유용합
니다. 온라인 영어회화 스쿨이 제공하는 무료 채널로, 일반인을 대
상으로 영어회화 강의를 초급, 중급, 상급으로 나눠 제공합니다.

▶▶ **podEnglish**

http://www.youtube.com/user/podEnglish

이와 다르게 〈Speak English with Misterduncan〉이라는 색다
른 채널도 있습니다. 실제로 보면 상당히 재미있는데 '덩컨'이라는
유머러스한 진행자가 특색 있는 영국식 발음으로 영어 강의를 진행
합니다.

▶▶ **Speak English with Misterduncan**

http://www.youtube.com/user/duncaninchina

그밖에 〈Learn English with engVid!〉라는 영어 학습 동영

상 시리즈도 있어요. 대개 'Learn English with ○○' 형식에 Alex, Emma, Adam, Rebecca 등 원어민 교사의 이름을 넣는데, 성별을 포함해 매우 다양한 유형이 있으므로 일단 마음에 드는 교사를 선택해서 시청해보세요.

1주일부터 1개월까지에 해당하는 STEP 2에서는 마음에 드는 ESL 동영상 시청을 습관화하여 영어에 질리지 않도록 장르의 폭을 넓힌다는 차원에서 좋아하는 영어 동영상 채널을 찾습니다. Part 3의 '시간'에서 언급했듯이, 식사를 하는 틈새 시간에 스포츠나 음악, 예능 등의 엔터테인먼트를 영어로 즐기는 것도 공부의 한 방법입니다. 자기가 좋아하는 분야를 영어로 즐기게 되면 설령 식사를 하면서 하는 '공부'라도 집중력을 높일 수 있어요.

엔터테인먼트 외에 애니메이션이나 어린이 프로그램을 보는 것도 좋습니다. 특히 〈세서미 스트리트 Sesame Street〉는 공식 채널에서 영상을 무료로 제공하고 있어서 추천하고 싶은 프로그램입니다. 원래는 미국 어린이를 대상으로 즐겁게 배운다는 취지로 제작되었는데 초보 영어 학습자에게 이것만큼 안성맞춤인 교재는 없습니다. 할리우드 여배우 카메론 디아즈, 미셸 오바마 전 영부인을 비롯한 미국의 가수나 유명 인사들이 우리에게 친숙한 엘모와 빅버드 캐릭터와 공연하기 때문에 어른들도 충분히 즐겁게 시청할 수 있습니다.

▶▶ **Sesame Street**

http://www.sesamestreet.org

요리 프로그램도 찾아보면 영어 채널이 상당히 많아요. 그중에서 저는 〈Cooking With Dog〉라는 프로그램을 추천하고 싶어요. 일본 요리를 영어로 소개하는 채널로 여자 진행자 옆에 앉아 있는 강아지가 너무 사랑스러워 외국인들 사이에서 인기가 많습니다. 얼핏 보면 엉성한 요리 프로그램 같지만 조리 방법이 크게 도움이 될 뿐만 아니라, 맛있는 요리를 영상으로 보는 것만으로도 기분이 좋아집니다. 매일 저녁 반찬이 고민이라면 영어 요리 프로그램을 보는 것은 어떨까요?

▶▶ **Cooking with Dog**

http://www.youtube.com/user/cookingwithdog

1개월부터 3개월까지에 해당하는 STEP 3에서는 지금까지 소개한 ESL이나 오락 프로그램에 더하여, 스피치 동영상을 시청하고 영어로 직접 내용을 이해할 수 있도록 훈련합니다. 또한 3개월 정도부터는 섀도잉(shadowing, 외국어를 들으면서 그대로 따라 말하기)이나 딕테이션(dictation, 외국어를 듣고 받아쓰기)을 시작합니다. 스피치를 활용한 공부법에 대해서는 Part 2의 '전략'에서 살짝 언급했는데, 보다 구체적인 방법은 뒤에서 설명하겠습니다.

3개월부터 6개월까지에 해당하는 STEP 4에서는 쉬운 레벨의 영어 뉴스를 듣습니다. BBC나 CNN과 같은 어려운 뉴스는 영어 공부를 막 시작한 학습자에게는 무리에요. 이는 전형적인 실패의 왕도로 그야말로 '효율'을 무시한 잘못된 공부법이라고 할 수 있습니다. 다만 공부를 시작한 지 3개월 정도 지났고 지금까지 소개했던 방법으로 살아 있는 영어를 지속적으로 접해왔다면, '영어 귀'가 서서히 열렸을 거예요. 그럼 CNN이나 BBC보다 쉬운 레벨의 뉴스인 〈VOA^{Voice of America}〉를 추천합니다. 〈VOA〉는 미국 이외의 나라에서 미국 뉴스를 전달하려는 목적으로 제작한 것이라, 미국 사회와 관련된 배경 지식이 없는 사람이라도 이해할 수 있습니다. 영어 수준도 BBC나 CNN보다 쉬운 편입니다. 뉴스 기사와 음성, 동영상을 제공하는 공식 사이트도 있지만 유튜브 채널에서도 시청할 수 있으니 참고하길 바랍니다.

▶▶ **VOA**^{Voice of America}

http://www.voanews.com

또한 〈VOA Learning English〉도 있습니다. 영어 학습에 걸맞게 진행자가 정확한 발음으로 천천히 말하는 것은 물론, 자막이 달린 영어 뉴스를 제공합니다. 뉴스 듣기가 어려워서 집중력이 떨어진다면 〈VOA Learning English〉로 영어 뉴스에 귀를 충분히 적시면서 서서히 〈VOA〉 본방송으로 들어가는 것도 좋겠어요.

▶▶ **VOA Leaning English**

http://www.youtube.com/user/VOALearningEnglish

또한 Part 3의 '시간'에서 소개한 〈NHK World〉도 이 단계에서 시청하기에 적합한 레벨입니다. 그 나라 사람이라면 누구나 그 나라 사회와 관련된 뉴스를 듣는 게 익숙할 테니까요.

6개월부터 9개월까지에 해당하는 STEP 5에서는 〈TED〉의 영어 프레젠테이션 동영상을 시청하거나 미국 대학의 짧은 강의 동영상을 실제로 유학을 갔다고 가정하고 시청합니다. 이 단계에 이르면 내용도 내용이지만, 어느 정도 높은 레벨에 도전하기 시작해야 합니다. 〈TED〉는 유명 인사나 각 분야의 전문가가 6~18분 동안 일반 시청자를 대상으로 펼친 프레젠테이션 동영상을 모아놓은 사이트입니다. 자막이 표시되도록 설정할 수도 있고 대본 script 도 볼 수 있어서 영어 공부에 그야말로 안성맞춤인 교재입니다.

▶▶ TED

www.ted.com

또한 이 단계에서는 식사를 하는 등의 오프 모드일 때 미국 쇼 프로그램을 시청하세요. 물론 속도가 빨라서 알아듣기 어렵겠지만 원어민이 즐겨보는 프로그램에서 살아 움직이는 영어를 직접 접할 수 있습니다. 이런 프로그램은 미국 젊은이들의 일상적인 영어 발음이나 미국식 농담에 익숙해지는 데 가장 효과적입니다. 예를 들어, 〈Clevver TV〉는 미국 연예계 뉴스나 인터뷰를 방송합니다.

▶▶ Clevver TV

https://www.youtube.com/user/clevvertv

또한 미국 방송국으로 유명한 NBC는 자사 사이트나 유튜브를 통해서 쇼 프로그램 동영상을 제공하고 있습니다. 그중에서도 〈The Tonight Show〉라는 토크쇼 시리즈는 인기가 상당한데, 저도 유학 중에 애청했던 프로그램이에요. 여러분도 꼭 시청해보시길 바랍니다.

▶▶ **The Tonight Show**

https://www.youtube.com/user/latenight

이 단계가 되면 CNN이나 BBC 등의 뉴스를 시청해도 좋아요. 이전 단계에서 〈VOA〉로 영어 뉴스에 익숙해진 상태라서 미국이나 영국의 생방송 뉴스를 시청해도 그 내용을 대략적으로 이해할 수 있을 것입니다. 이밖에도 유튜브에서 볼 수 있는 뉴스 채널들을 소개해드립니다.

▶▶ 미국 **ABC News**

http://www.youtube.com/user/abcNews

▶▶ 영국 **Sky News**

http://www.youtube.com/user/skynews

▶▶ 유럽 **euronews**

http://www.youtube.com/user/euronews

▶▶ 중동 **Al Jazeera English**

http://www.youtube.com/user/aljazeeraenglish

 중국 **NTDTV** New Tang Dynasty

http://www.youtube.com/user/ntdtv

참고로 유튜브 계정에 채널을 등록해두고 궁금한 뉴스가 있을 때 선택해서 시청하면 편리합니다. 채널의 선택지가 많을수록 관심 있는 뉴스와 만날 확률이 높아지겠죠? 관심 있는 뉴스를 시청해야 집중력과 효율을 향상시킬 수 있습니다.

마지막 단계인 9개월부터 12개월까지에 해당하는 STEP 6에서는 동영상을 장시간 시청하는 훈련에 들어갑니다. 〈FORA.tv〉라는 사이트에 접속해보면 세계 일류 대학이나 싱크 탱크 등의 회의, 토론, 강의가 다수 업로드되어 있어요. 이는 해당 유튜브 채널에서도 볼 수 있는데 얼핏 프레젠테이션을 제공하는 〈TED〉와 비슷한 것 같지만 〈FORA.tv〉에서는 질의응답과 토론 방식 등을 배울 수 있습니다. 논쟁이나 토론은 미국 교육 시스템과 국제회의의 묘미가 아닐까요? 이 사이트를 지속적으로 시청하면 최상급 영어와 그 표현 방식을 익힐 수 있습니다. 이 단계까지 도달하면 현지 유학을 다녀오거나 해외에서 일하는 사람과 동일한 수준의 영어를 구사할 수 있을 거예요.

▶▶ FORA.tv

https://www.youtube.com/user/ForaTv

여기까지가 '유튜브 영어 공부법'의 1년에 걸친 6가지 단계입니다. 이 공부법은 일관되게 살아 있는 영어, 즉 실전 영어를 접하라고 강조합니다. 또한 자기의 영어 레벨과 학습 단계에 맞춰 시청해야 할 동영상과 학습 방법도 다르게 제안합니다. 자기 취향과 수준에 맞는 학습법을 효과적으로 실천해야만 '효율'을 더욱 높일 수 있기 때문이에요.

방 전체는 물론 스마트폰도 영어 모드로!

Part 3의 '시간'에서는 틈새 영어를 실천하기 위해서 자기 방을 '영어 공간'으로 만들라고 조언했습니다. 이를테면 토플이나 토익 교재는 물론, 영어 만화책이나 비즈니스 서적을 책장에 꽂아두거나 영문 잡지나 영자 신문을 거실에 두거나 모르는 영어 단어를 접착식 메모지에 적어서 화장실 벽 또는 식탁 등 집안 전체에 붙이는 거예요.

온 집안을 영어 공간으로 만드는 이 방법은 사실 틈새 영어의 '시간'을 확보하는 것 외에 영어에 대한 집중력을 높이는 '효율' 향상으로도 이어집니다.

막상 집중해서 공부를 하려고 해도 주변에 방해물이 있으면 집중력은 떨어지기 마련이에요. 특히 우리말로 된 것들이 있으면 아무래도 그쪽으로 관심이 쏠리기 쉬워집니다. 우리말로 된 만화책이나 잡지, 소설 등은 학습에 방해가 돼요. 그런데 만일 이런 것들이 영어라면 어떨까요? 상황은 달라지겠죠. 주변 사물이 영어라면 영어 공부에 대한 거부감이 줄어듭니다. 또한 '휴식 삼아 만화책이나 읽어볼까?'하고 만화책을 읽는 것 자체가 영어 공부로 이어지는 효과가 있습니다.

이렇게 방 전체를 영어 공간으로 만들어 영어로 둘러싸인 환경을 조성하면 집중력을 높이고 시간 대비 효율을 높일 수 있습니다.

또한 이건 환경적인 측면에만 해당하지 않아요. 요즘 세대에게 가장 강력한 방해물은 인터넷과 스마트폰입니다. 그래서 이런 사이버 환경도 영어 환경으로 설정할 것을 제안하고 싶습니다. 이를테면 스마트폰의 언어를 우리말에서 영어로 바꾸는 거예요. 이렇게 하면 달력에서 사진에 이르기까지 모든 표시가 영어로 바뀌게 됩니다. 노트북과 컴퓨터도 이와 마찬가지로 언어 설정을 영어로 바꿔보세요.

또한 팟캐스트(휴대기기 또는 컴퓨터로 재생 가능한 오디오 또는 비디오 파일을 인터넷 망을 통해서 제공하는 서비스)에는 영어권 라디오 중에서 좋아하는 것을 등록해두고, 아이튠즈(iTunes, 애플에서 개발한 디지털미디어 플레이어)에는 영어 음악이나 CD, 오디오북을 넣어두세요. 영어권 앱도 많이 다운로드해두시고요.

그리고 스마트폰이나 컴퓨터로 자주 사용하는 것은 웬만하면 영어로 설정하세요. 가령 트위터나 페이스북 등 SNS를 자주 하는 사람이라면, 영어 계정을 많이 팔로우하고, 영어가 모국어인 친구가 있다면 친구 요청 Friend Requests을 하세요. 설령 아는 사람이 없더라도 영어 계정을 다수 팔로우해둡니다. 예를 들어, VOA, CNN, BBC, 뉴스위크 Newsweek, 야후 뉴스 Yahoo News, 허핑턴 포스트 Huffington Post 등과 같은 영어 뉴스 채널을 비롯해 빌 게이츠 Bill Gates나 버락 오바마 Barack Obama 전 대통령, 레이디 가가 Lady GaGa 등의 유명 인사, 하버드 대학이나 스탠포드 대학, 콜롬비아 대학 등 관심이 가는 계정들을 모조리 팔로우하는 거예요. 가능하다면 모국어 계정보다 많이 팔로우하는 것이 이상적입니다.

영어 뉴스나 포털 사이트는 인터넷 브라우저의 즐겨찾기에 등록해두고, 인터넷 창을 띄웠을 때 처음으로 표시되는 홈 화면도 영어 사이트로 설정하세요. 이렇게 SNS 페이지를 열든 인터넷 창을 띄우든 항상 영어가 표시된다면, 사이버 공간을 영어 환경으로 조성하는 데 성공한 셈입니다.

이렇게 팔로우해둔 것을 틈틈이 읽다 보면 '틈새 영어'를 손쉽게 실천할 수 있어요. 그리고 공부를 방해하는 것까지 영어로 설정하면, 언제 어디서든 영어로 둘러싸인 환경이 조성되어 집중력과 효율은 2배 이상으로 향상됩니다.

저는 이전 저서인 『16배속 공부법』에서 집중력과 효율성을 높이려면 공부 시간에는 컴퓨터나 스마트폰을 끄고 멀찌감치 떨어진 곳에 두는 등 주변의 방해물을 철저히 없애라고 제안했습니다.

이는 영어 공부에서도, 특히 문제집을 푸는 등의 '집중 모드' 시간에도 동일하게 적용됩니다. 또한 이보다 한 발 더 나아가 그러한 방해물조차 사이버 영어 환경으로 설정하고 방 전체를 물리적인 영어 공간으로 만듦으로써, 영어에 대한 의욕 모드와 집중력을 높이는 환경을 조성해야 한다고 조언하고 싶어요.

집중력을 극대화하는 것은 코앞의 시험과 문제집!

앞에서 '효율'을 향상시키려면 영어를 즐겁게 공부해야 한다고 설명했는데, 사실 집중력을 높이는 방법으로 즐거움만 강조해서는 안 됩니다. 적당한 긴장감과 '해야 한다'는 의무감도 집중력을 향상시킬 수 있어요.

아마 독자 여러분도 시험 전날에 벼락치기로 '엄청난 집중력'을 발휘해 오로지 공부에만 몰두한 경험이 있을 거예요. 물론 벼락치기는 하룻밤만 지나면 끝나버린다는 문제점이 있기는 하지만, 이렇게 시험 전날에 발휘되는 집중력을 오랫동안 유지할 수 있다면 이는 효율적인 공부법일 것입니다.

Part 2의 '전략'에서 영어 시험의 명확한 목표를 설정하고 정기적으로 시험을 보라고 강력하게 제안한 이유는 이 때문이기도 합니다. 최소 3개월에 1번, 가능하면 매달 시험을 보는 것이 좋아요. 전략적으로 자기의 현주소를 확인할 수도 있고, 매달 시험 전에 공부에 집중할 수 있어서 긴장감과 집중력이 발휘된 학습 시간을 실천하고 경험할 수 있기 때문입니다.

혹시 매달 보는 것이 부담스럽다면 실제 시험과 동일한 형식으로 구성된 실전 문제집을 푸는 것도 좋은 방법입니다. 시간을 정해 타이머를 맞춰두고 문제를 푼 후에 직접 답을 맞춰보세요. 정답과 오답을 한눈에 볼 수 있도록 표시하고 전체 정답률을 명확하게 기록합니다. 즉 '자기만의 소규모 시험'을 매시간 반복하는 거예요. 그리고 소규모 시험의 정답률이 각 항목의 목표 점수에 가까워질 수 있도록 노력합니다. 물론 틀린 문제는 왜 틀렸는지, 그 이유를 확인하고 다음번에는 정답을 맞힐 수 있도록 재검토하는 것도 중요하겠죠. 오답은 '아깝다', '억울하다'는 미련이 생길 테니 다시 한번 살펴보면 훨씬 기억에 잘 남을 거예요.

이렇게 문제집을 풀 때도 실제로 1개월 후나 3개월 후에 치를 영어 시험의 모의 테스트라고 생각하고 신중하게 연습하면 적당한 긴장감을 유지할 수 있어서 집중력을 향상시킬 수 있습니다.

이는 일반적인 공부법과도 일맥상통합니다. 얼핏 영화나 유튜브, 만화책 등을 통해서 '즐겁게 영어를 접하자'고 말한 것과 상반되는 것처럼 들릴지 몰라도 실은 집중력을 높이고 효율을 향상시킨다는 점에서는 같아요. 투자한 시간과 스타일에 따라서 하나는 긴장감을 주고 다른 하나는 흥미와 관심을 끌어내어 집중력을 높이는 방법으로 접근 방식이 다를 뿐입니다.

그래서 저는 책상에 앉아 집중해서 공부할 때에는 영어 시험 문제를 푸는 방식으로 집중 모드를 실천하고, 출퇴근이나 통학, 식사 시간 등의 틈새 시간 또는 집중 모드에 지쳐서 오프 모드로 전환할 때는 '영어를 즐기는 시간'으로 배분하라고 제안하고 싶습니다. 자기가 쓸 수 있는 시간과 심신 상태에 맞춰 즐거움을 동기 부여로 삼을지, 아니면 긴장감을 동기 부여로 삼을지를 적절하게 배분하는 것이 '효율' 향상으로 이어집니다.

게임하듯이
레벨 업을 즐기자

     시험이나 문제집을 활용한 공부법은 긴장감과 의무감을 집중력으로 바꾸는 것 외에 또 다른 효과가 있습니다. 바로 자기의 영어 실력 향상을 '게임을 한다'는 기분으로 즐길 수 있다는 점이에요.

     우리가 게임에 빠지는 요인 중 하나는 경험치가 상승됨에 따라 자기를 투영시킨 게임 캐릭터의 레벨이 올라가고 필살기를 사용할 수 있게 되거나, 강력한 무기를 손에 넣음으로써 적을 쓰러뜨리고 보물을 얻을 수 있기 때문이에요. 레벨 향상의 프로세스가 복잡하고 클리어하기 어려울수록 재미는 배가 되어 어느 샌가 푹 빠지게 됩니다. 이러한 게임의 특징이 주목을 끌면서 요즘은 게이미피케이션(Gamification, 문제 해결이나 마케팅, 유저 획득 등에 게임 제작 노하우를 이용하는 것)이 비즈니스는 물론 소셜 미디어, 교육 분야에서도 응용되고 있습니다. 예를 들어, 블로그 운영자가 방문자 수나 코멘트 수 등의 '성과'가 늘어나, 소위 말하는 파워블로거가 되는 것에 희열을 느끼고 금전적인 보상이 없어도 블로그 운영에 '빠지는 것'도 게이미피케이션의 한 사례라고 할 수 있죠.

이는 영어 공부에서도 마찬가지입니다. 영어 시험을 3개월에 1번, 또는 거의 매달 본다고 합시다. 그리고 시험 점수를 자기의 현재 레벨이라고 생각하고 1년 후의 목표 점수를 향해서 마치 게임에서 '레벨업을 해나간다'는 자세로 임하는 거예요. 읽기, 쓰기, 듣기, 말하기 등의 각 영역의 점수도 게임에 비유해 체력, 지력, 속도, 마력, 근력이라고 생각합니다.

타이머로 시간을 재면서 영문을 쓰는 연습을 하면 '속도' 레벨이 향상됩니다. 영어 문장을 많이 읽거나 장시간 영어 강의를 들으면 오랫동안 버틸 수 있는 '체력'이 올라가죠. 문법이나 표현을 외우면 새로운 '마법'을 쓸 수 있게 됩니다. 다양한 공격으로 쳐들어오는 영어라는 '적'과 싸움을 반복하여 경험치를 쌓으면, 레벨이 향상되어 단계적으로 영어를 잘할 수 있게 될 거예요. 그리고 마지막으로 목표 점수를 클리어할 수 있습니다. 영어 게임을 즐기는 동안 어느샌가 '영어를 잘하는 꿈'이 이루어집니다. 그것도 가상이 아니라, 현실적인 목표 달성이 눈앞에 나타나는 것입니다.

　게임을 즐긴다는 기분이 좀 더 실감나도록 점수 항목을 세분화하여, 다시 말해 Part 2의 '전략'에서 언급했듯이 목표를 가로로 요소 분해를 합니다. 세분화할수록 레벨 향상을 더욱 쉽게 실감할 수 있어요. 또한 점수 추이를 표나 그래프로 만들어 목표 점수와 비교해보고 이를 책상 앞에 붙여두면 동기 부여를 유지할 수 있습니다.

　이렇게 게임을 즐긴다는 기분으로 공부에 집중하고 레벨이 향상되는 것을 직접 피부로 느낄 수 있다면, 막연하게 그리고 억지로 공부했던 것보다 몇 배나 효율적으로 시간을 활용할 수 있습니다.

4,000개 단어를
1개월 만에 외우는
영단어 암기법

이번에는 영어 단어를 암기하는 효율적인 방법을 소개하겠습니다.

중학생이나 고등학생 중에는 영어 단어장에 적힌 우리말을 토시 하나까지 완벽하게 암기하려는 학생이 종종 있습니다. 영어를 공부하는데 '우리말을 암기'하려고 애쓴다면 어떻게 되겠어요? 당연히 효율성이 떨어지지 않을까요? 원래 각 나라의 언어는 전혀 다릅니다. 그래서 완벽하게 일대일로 대응시킬 수 없어요. 영어 문장이나 단어를 우리말로 해석한 것은 '대충 의미가 그렇다'는 것이지 이를 완벽하게 외울 필요는 없습니다.

그럼 어떻게 하면 좋을까요? 우리말의 의미는 대충 파악하고 영

•4,000개 단어 1달 만에 외우는 암기법

어 단어 자체를 반복해서 사용함으로써 머릿속에 이미지와 사용법을 정착시켜야 합니다. 핵심은 '여러 번 반복해서 눈에 익히는 것'이에요.

물론 영어 문장을 직접 읽거나 회화, 강의 등의 살아 있는 영어를 접하는 것이 가장 좋지만, 단어를 암기하는 방법을 통해서 접하는 횟수를 늘리는 것도 좋은 방법입니다.

그런데 단어장에 실린 단어를 하나하나 꼼꼼히, 그렇게 한 번만 보는 방법은 효율적이지 않은 암기법이에요. 사람은 망각의 동물이라서 설령 완벽하게 암기했더라도 '단기 기억'으로 남을 뿐 1년이 지나고 나면 대부분 잊어버리기 때문입니다.

그래서 1년 동안 한 번만 볼 것이 아니라, 첫 번째는 대충 봐도 좋으니 속도를 내서 단기간에 모든 단어를 훑어보세요. 그러고 나서 여러 번 반복해서 보는데, 아무래도 두 번째는 첫 번째보다 아는 단어가 늘어서 시간이 덜 걸릴 거예요. 이렇게 여러 차례에 걸쳐서 반복하다 보면 두 번째보다 세 번째, 세 번째보다 네 번째, 네 번째보다 다섯 번째에 단어를 훑어보는 시간이 단축되어 모든 단어를 짧은 시간 내에 망라할 수 있습니다. 그리고 7~10번 정도 반복하다 보면 어느 샌가 모든 단어가 머릿속에 입력되어 '단기 기억'에서 '장기 기억'으로 바뀌게 됩니다.

이 암기법은 실제로 제가 실천해서 좋은 성과를 얻었던 방법이에요. 토플 시험의 경우, 어느 정도 고득점이 나왔지만 한때 점수가 오르지 않아서 슬럼프에 빠진 적이 있었습니다. 특히 잘한다고 생각했던 읽기 영역이 25점 30점 만점에서 더 이상 오르지 않았던 거예요. 그래서 실제 시험과 모의시험을 분석해봤더니 어휘 문제의 정답률이 별로 좋지 않다는 취약점을 발견하게 되었습니다. 생각해보면 듣기와 쓰기 영역은 대책을 마련해서 열심히 노력했는데 어휘력 강화, 즉 영어 단어를 정리해서 외우는 작업은 따로 하지 않았던 거예요.

그래서 저는 토플에 자주 나오는 단어 3,800개가 실린 단어장을 구입해 암기하기로 결심했습니다. 이 단어장은 토플 점수대에 따라서 난이도가 다른 단어가 실려 있었습니다. 그때 저는 이미 읽기 영역이 30점 만점 중 25점, 총점은 300점 만점 중 250점 iBT 기준 100점 정도의 수준이라서 낮은 레벨의 단어는 웬만큼 외우고 있었습니다만 난이도가 높은 단어는 거의 모르는 상태였습니다. 3,800개 단어 중 1,800개 정도는 모르는 단어였던 셈이에요. 그래서 여러 번 반복해서 보는 암기법을 실천해 1개월 동안 집중적으로 모든 단어를 암기했습니다.

그 결과, 1개월 후에 본 토플 시험에서 25점이었던 읽기 영역이 30점 만점을 기록하며 총점이 무려 273점까지 급상승했습니다. 여태까지 여러 개 틀렸던 어휘 문제를 모두 맞혔던 거예요. 이는 Part 2의 '전략'에서 언급했던 '서투르거나 못한다는 것은 성장 가능성이 높다는 의미'의 좋은 사례라고 할 수 있습니다.

성공 사례는 이것만이 아닙니다. 미국 대학원 입시 시험인 GRE는 'Quantitative Reasoning'이라는 수리 영역과 'Analytical Reasoning'이라는 논리 분석 작문, 'Verbal Reasoning'이라는 언어 영역, 이렇게 3가지로 구성되어 있어요. 토플처럼 원어민이 아닌 유학생의 영어 실력을 확인하는 시험이 아니라, 현지 원어민 학생도 보는 시험입니다. 그래서 특히 언어 영역은 영어가 모국어가 아닌 사람에게 상당히 어렵기로 정평이 나 있습니다. 토플에서 고득점을 받은 사람이나 영어를 유창하게 구사하는 귀국 자녀들도 감당하기 어려운 수준이에요.

저도 처음 GRE를 봤을 때 수리 영역에서는 800점 만점을 받았지만 언어 영역에서는 280점밖에 받지 못했습니다. 아무것도 모르는 백지 상태였던 거죠. 대개 유학생의 경우 GRE 점수는 외국 대학 측에서 너그럽게 봐주는 면이 없지 않아서 토플 점수가 높으면 합격시켜주기도 합니다. 그런데 저는 하버드 대학원을 지망하면서도 학부 시절의 성적GPA이 형편없었고 취업을 했던 적도 없었기에 오로지 GRE로 승부할 수밖에 없었습니다. 그래서 언어 영역에서 동양

인으로서 도저히 받을 수 없는 높은 점수를 따내고 말겠다는 전략을 세웠습니다.

그리고 저는 특히 어휘가 약했기에 GRE에 자주 나오는 최고 난이도의 영단어 4,000개가 실린 책을 모두 외우면 분명히 큰 효과를 얻을 수 있을 거라고 생각했습니다. 그런데 문제는 외국에서 출판된 책이라 단어의 의미가 영영 사전처럼 영어로 적혀 있었고 단어 리스트를 봐도 난생 처음 보는 단어들뿐이었던 거예요. 토플에 자주 등장하는 3,800개의 영어 단어를 외운 지 얼마 지나지 않았던 때였고, 읽기 영역에서 만점을 받았는데도 이 책에 실린 4,000개의 단어는 그저 생소할 뿐이었습니다. 설상가상으로 시험까지 남은 시간은 고작 한 달로 매우 절망적인 상황이었어요.

하지만 저는 앞에서 언급했던 단어 암기법으로 계산해 1개월 동안 4,000개의 단어를 암기하는 모험을 시작하기로 마음먹었습니다. 일단 처음에는 1시간에 40개 단어를 대충이라도 좋으니 암기하는 방법으로 하루에 10시간, 400개 단어를 외웠습니다.

1시간에 40개 단어를 외우는 방법은 다양한데, 저는 이렇게 시도했습니다. 일단 단어의 의미를 가리고 맞추는 블라인드 테스트를 10개씩 나누어 실시합니다. 그리고 모르는 단어는 5번씩 소리 내어 읽으면서 쓰고 외웠습니다. 이러한 작업을 1시간에 40문제씩 여러 번 반복해 블라인드 테스트에서 만점을 받으려고 노력했습니다. 이런 방식으로 영어 단어 게임의 1단계를 '클리어'했어요.

1시간에 40개 단어 암기를 10번 반복하면 하루에 400개 단어를 외울 수 있습니다. 이 속도라면 4,000개 단어는 10일이면 모두 망라하게 됩니다. 이것이 제가 첫 번째로 해야 할 분량이었어요. 첫 번째가 끝나고 나면 곧바로 두 번째로 들어갑니다. 사실 처음 볼 때 대충 암기해서 잊어버린 단어도 많았지만, 몇 개의 단어는 기억에 남아 있어서 처음보다는 시간이 덜 걸렸습니다. 두 번째는 하루에 600개 암기로 7일 동안 4,000개 단어를 공부하는 것입니다. 이때 기억하고 있던 단어에 표시를 해두어 세 번째로 돌입했을 때, 그런 단어들은 쓱 보기만 하는 등 시간을 더욱 단축했습니다. 하루에 800개 암기로 5일 만에 마무리지었습니다. 이런 식으로 네 번째에는 3일, 다섯 번째에는 2일, 여섯 번째에는 1일이 걸렸고 일곱 번째에는 하루도 걸리지 않아 몇 시간 만에 모든 단어를 총 망라했습니다. 그리고 10차례 정도 반복했더니 고난이도의 영어 단어 4,000개를 완벽하게 암기할 수 있었습니다. 이렇게 해서 저는 약 1개월의 시간 안에 단어 4,000개를 암기하는 데 성공했습니다.

그리고 실제로 GRE 시험을 봤을 때 280점이었던 언어 영역의 점수가 1개월 만에 560점으로 껑충 뛰어올랐습니다. 그 이후에 한 번 더 시험을 봤을 때는 최종적으로 620점을 받았고요. '600점 이상'은 일본인으로서 상당히 드문 경우로 하버드 대학원에 입학하려는 미국인과 비교해봐도 평균보다 높은 점수였어요. 물론 이것이 합격의 성공 요인으로 작용했는지는 정확히 알 수 없지만, 결과적으로 저는 1지망이었던 하버드 대학원에 합격하는 영예를 안았습니다.

물론 이는 상당히 극단적인 사례이기는 해요. 당시에 저는 백수라 하루 24시간을 마음껏 쓸 수 있었어요. 그래서 'GRE에서 높은 점수를 따려면 고난이도의 영단어 4,000개를 암기해야 한다'는 명확한 전략을 세우고 실천할 수 있었습니다. 제가 이렇게 했다고 해서 모든 사람이 저와 똑같은 전략을 세우고 실천할 필요는 없습니다. 다만 처음부터 단어 하나하나에 집착해서 완벽하게 외우려 할 것이 아니라, 빠른 속도로 여러 번 반복해서 보는 것이 효율적인 단어 암기법이라는 점만은 반드시 숙지했으면 좋겠습니다.

'영단어만 외워서 뭐해?'라고 우습게 생각할 것이 아니라, 어휘력은 읽기 영역은 물론, 듣기, 쓰기, 말하기 등 모든 영역을 뒷받침하는 기초가 된다는 점을 명심하세요. 어휘력을 집중해서 효율적으로 끌어올림으로써 모든 영어 능력을 한 단계 상승시키는 노력이 필요합니다.

영어책 한 권,
오감으로 읽기

필요한 정보를 영어로 '다독'한다

읽기 능력을 효율적으로 높이기 위해 읽기 영역 문제집을 실전처럼 푸는 것도 좋지만, 가능하면 영어 문장을 많이 그리고 빨리 읽는 것도 좋은 방법입니다. 문제 형식으로 문장을 독해하는 것을 '정독精讀', 빠른 속도로 많이 읽는 것을 '다독多讀'이라고 하는데, 읽기 능력을 향상시키는 데에는 이 두 가지 모두가 필요합니다.

Part 1에서 소개했던 『머리가 좋아진다! 만화 공부법』은 특히 영어 회화문을 많이 접하기 위한 방법 중 하나예요. 일단 문장을 많이 읽어야 하는데 만일 관심도 없고 따분하게 느껴진다면 거부감부터 들지 않겠어요? 그러다 보면 결국 읽어야 할 분량도 채우지 못하고 포기하고 맙니다. 하지만 만화책은 즐기면서 읽을 수 있고 저절로 많은 양의 회화문을 익힐 수 있습니다.

이렇게 즐기면서 공부하는 방법 외에 영어 문장을 많이 읽을 수 있는 방법이 또 있습니다. 바로 필요한 정보를 영어로 수집하는 거예요. 같은 영어 문장이라도 자신에게 필요한 정보라면 훨씬 의욕이 생길 것입니다. 즐기면서 하는 방법과 동기 부여는 다르지만 이것도 한 방법이라고 할 수 있어요.

제 경우에는 유학에 관련된 정보를 수집하려고 이곳저곳을 찾아다녔는데, 주로 영문 사이트에 접속해 많은 양의 영문을 읽었습니다. 보통 '유학'을 가려면 외국의 어느 대학에 갈 것인지, 어떤 전공과 프로그램을 선택할 것인지를 먼저 결정해야 합니다. 저는 학부 시절의 전공을 바꾸려고 마음먹었기에 일단 어떤 전공을 선택할지부터 정보를 수집해나갔습니다. 그리고 선택한 전공 분야에서 강세인 대학 몇 군데를 골라 어느 대학의 어떤 프로그램이 적합할지를 영문으로 검토했습니다. 이렇게 해서 1지망으로 하버드 교육 대학원의 국제 교육 정책을 선택했는데, 사실 낙방할 것을 감안해 다른 대학에 복수 지원하느라 더 많은 정보를 수집했습니다.

미국의 대학에서는 입학 서류를 심사할 때 시험 점수만이 아니라 지원하게 된 동기와 이유, 미래에 대한 비전 등을 서술한 '에세이'

를 중요하게 생각합니다. 그런데 이 에세이를 작성하려면 지원한 학교와 프로그램의 특징, 그리고 프로그램에서 학생들을 가르치는 교수 등에 대해서 잘 알아야 해요. 이러한 정보는 당연히 영어로 수집해야겠죠. 해당 대학의 홈페이지에 접속해서 영문으로 된 정보를 읽을 수밖에 없습니다. 그래서 저는 당시 상당히 많은 양의 영문을 읽었어요. 대학 홈페이지에 게재된 글은 한 글자도 빠짐없이 모조리 읽었고 지도 교수가 됐으면 하는 교수의 논문 중 인터넷에 게재된 것이 있으면 직접 찾아서 읽기도 했습니다. 이러한 사전 조사가 에세이의 질에 반영되어 합격 요인으로 작용할 수도 있다고 생각해 더욱 신중한 자세로 임했습니다.

집중력을 높이고 효율을 향상시키는 데 이러한 '필요성'을 활용하면 얼마든지 좋은 성과를 얻을 수 있습니다.

또한 이 경우에는 지원한 학교에 대해서 자세히 알아보면서 합격 이후의 자신의 모습과 이미지가 보다 선명해져 의욕도 높아집니다. 이는 Part 2의 '전략'에서 언급했듯이 목표를 명확히 하고 이미지를 구체화하는 것, 그리고 선행 사례를 연구하여 자신감을 높이는 것입니다. 동기를 부여해 영문을 많이 읽는 작업은 효율을 높이는 것으로도 이어집니다.

제 경우에는 유학을 갈 대학원에 대해서 자세히 알아야 할 필요가 있었지만 비즈니스든 IT 기술 향상이든 해외여행이든 뭐든지 좋습니다. 영어로 정보를 수집할 필요성이 있는 것을 영어 웹사이트에 접속해 철저하게 조사해보세요. 조사하는 동안 우리말이 아닌 영어 정보가 머릿속에 직접 입력되면 필요성을 뛰어넘어 서서히 즐거움으로 다가오기 시작할 거예요.

이렇듯 많은 양의 영어 문장을 빠르게 읽는 '다독'이야말로 읽기 능력 향상의 왕도라고 할 수 있습니다.

소리 내어 읽는 '음독'으로 '영어 입'을 만든다

앞에서 영어의 '다독'이 중요한 이유에 대해서 설명했는데 영어를 읽을 때 반드시 실천하면 좋은 것이 있습니다. 바로 소리 내어 이야기하듯이 '음독^{音讀}'하는 거예요.

음독은 학창 시절에 해봐서 그런지 고전적이라는 이미지가 강합니다. 하지만 실제로 읽기 능력과 말하기 능력을 향상시키는 데 매우 효과적인 학습법이에요. 보통 학교에서는 학생 한 명을 지목해서 시키거나 학급 전체가 다함께 음독을 합니다. 그런데 여러 명이 음독을 같이하면 누군가 따라하지 않아도 들키지 않고 틀려도 아무도 모른다는 단점이 있죠. 즉 음독의 절대량이 부족하거나 자기 페이스에 따라서 자기 목소리를 직접 확인할 수 없으니 결국 제대로 된 성과를 얻을 수 없어요.

따라서 학창 시절에 했던 엉성한 음독에서 벗어나 영문을 읽을 때는 반드시 자기 입으로 직접 소리 내어 읽어야 합니다. 그래야 영어 발음을 실제로 해보는 경험을 쌓을 수 있고 자신의 발음을 스스로 듣고 확인할 수 있어요. 이러한 다독과 음독이 쌓이고 쌓이면 영어 단어와 관용적인 표현, 문장이 자신도 모르는 사이에 술술 나오는 '영어 입'을 가질 수 있게 됩니다.

즉 음독은 같은 시간을 투자해 읽기와 말하기 훈련을 동시에 하는 효율적인 학습법이에요. 실제로 저는 지원 대학의 전공과 프로그램 코스에 관한 정보를 눈으로 다독하고 입으로 음독했습니다. 그렇게 해서 유학에 필요한 정보도 얻고 읽기 능력도 향상시킬 수 있었어요. 그리고 실제로 유학을 가서 사용할 회화나 강의 도중에 사용하는 영어를 미리 직접 말해보는 실전 말하기 훈련도 되었습니다. 소리 내어 읽어봄으로써 단순히 눈으로 읽었을 때보다 훨씬 큰 동기 부여가 되었습니다. 이는 여행지나 비즈니스 관련 정보를 수집할 때도 마찬가지예요. 소리내어 읽는 음독은 긴장감과 동기 부여를 높여서 '효율'을 향상시킵니다.

하루 1시간 영문을 다독할 때 음독을 병행하면 하루에 1시간 동안 영어로 말하는 셈이 됩니다. 이러한 경험이 쌓이고 쌓여서 형성되는 '영어 입'은 말하기 능력 향상으로 이어집니다. 읽기 능력과 말하기 능력을 동시에 향상시키고 학습에 대한 동기 부여까지 높이는 '음독 영어 공부법'을 반드시 실천해보세요.

영어책 한 권을 독파하자

다독을 실천하기 위한 또 다른 효율적인 공부법으로 영어책을 한 권 독파하는 방법이 있습니다. 현재 영어 교육은 책의 일부분을 발췌한 '장문(실제로는 짧은 편)'을 독해하고 문제를 푸는 '정독' 연습에 집중되어 있습니다. 하지만 이는 영어책을 한 권 독파하는 경험과는 차원이 달라요. 문장 자체가 발췌된 일부분에 지나지 않아서 내용도 줄거리도 파악할 수 없고, 그것이 아무리 유명한 작품이라도 제대로 읽었다고 말할 수 없습니다. 그러니 '다 읽었다'는 성취감역시 느낄 수 없겠죠. 우리가 비교적 잘한다는 읽기 능력조차도 실생활 속에서 별로 도움이 되지 못하는 것은 이 때문입니다.

모처럼 읽게 된 명작을 끝까지 독파하여 그 내용을 충분히 음미하면서 영문을 많이 접하는 '다독'을 실천할 수 있다면, 이는 영어 실력을 늘리는 데 훨씬 도움이 될 거예요.

예를 들어, 영어책 한 권은 200~400페이지 분량의 체계적인 영어 문장이라고 할 수 있습니다. 이는 고등학교 영어 교과서에 실린 분량의 몇 배에 해당될 거예요. 즉 영어책 한 권은 고등학생이 1년 동안 읽어야 하는 분량의 몇 배를 소화하는 것과 마찬가지입니다.

Part 1의 '영어 뇌'에서 소개했듯이 제가 처음으로 독파한 영어 책은 스티븐 코비가 쓴 『성공하는 사람들의 7가지 습관』이에요. 370페이지짜리 책으로 하루에 10페이지씩 읽으면 약 40일만에 다 읽을 수 있습니다. 저는 속도를 내서 3주 만에 다 읽을 수 있었습니다.

단, 이때 책을 읽으면서 단어를 일일이 조사하거나 모르는 문장을 분석할 필요는 전혀 없어요. 대충 전체적인 내용이 이해된다면 모르는 단어는 적당히 넘기면서 읽되, 자주 등장하는 단어 중에 모르는 단어가 있다면 그때만 찾아보세요. 내용을 대강 이해하는 정도로 '속독'을 하는 것이 포인트입니다.

이런 속도로 대략 1개월에 한 권을 다 읽을 수 있다면 고등학교 1년 또는 2년 동안, 즉 12~24개월 동안 읽어야 하는 분량을 단 1개월 만에 다독하는 셈이 됩니다. 그야말로 '16배속'의 실천이라고 할 수 있죠.

게다가 마음에 드는 책이라면 이야기가 어떻게 전개될지 궁금해서 계속 읽고 싶어져 저절로 동기 부여로 이어집니다. 물론 하루에 읽을 분량을 정해두는 것도 좋아요. 하지만 책 내용에 푹 빠진 경우라면 주말이든 저녁이든 집중해서 읽을 수 있는 시간대를 활용해 몰두해서 읽는 것도 나쁘지 않아요. 이는 『머리가 좋아진다! 만화 공부법』과 동일한 효과를 가져다줍니다. 또한 초반에는 속도가 안 날 수도 있지만 읽다 보면 단어와 문장 표현에 익숙해져 읽을수록 점차 속도가 붙을 거예요.

게다가 영어책을 독파하고 난 후에는 '다 읽었다'는 성취감을 맛볼 수 있고 이는 곧바로 자신감으로 이어질 거예요. 자신감이 생기면 영문을 접했을 때 거부감이 줄어들고 다른 영어책도 읽어보고 싶은 의욕이 생깁니다. 또한 다독과 속독에 익숙해지면 장문 속에서 중요한 포인트를 집어낼 수 있는 능력도 기를 수 있고요. 많은 양의 영문을 효율적으로 읽는 힘이 생기는 겁니다.

저도 『성공하는 사람들의 7가지 습관』을 독파한 후에 다른 영어책도 몇 권 더 읽었습니다. 그러는 중에 원어민들도 버거워하는 분량의 읽기 과제를 소화할 수 있는 힘이 생겼어요. 우리가 읽기 영역에서 부족한 것은 많은 양의 영문을 빠르게 읽는 '다독력'과 '속독력'입니다. 반드시 영어 학습 1년 동안에 최소한 한 권 이상의 영어책을 독파하시길 바랍니다.

독파한 책은 오디오북으로 '귀'를 통해서 읽는다

책을 한 권 독파했다면 그 책은 자기에게 특별한 책이 되고, 그와 동시에 그 책 속의 영문 표현에도 익숙해질 거예요. 모처럼 열심히 읽은 책이므로 읽기 능력을 강화하는 데만 활용할 것이 아니라, 듣기 능력을 향상시키는 데도 활용해보세요.

그 방법으로 '오디오북'이 있습니다. 오디오북은 원어민이 소리 내어 읽은 것을 녹음한 파일이에요. 한국과 일본에서는 아직까지 종이책만큼 일반적으로 유통되고 있지는 않지만, 자동차로 이동하는 시간이 많은 미국에서는 이동 중에 '책을 귀로 읽는 수단'으로 사용되어 상당히 큰 시장을 형성하고 있습니다. 그래서 유명한 책은 대부분 오디오북으로도 판매하고 있어요.

아이폰을 예로 들면 '아이튠즈 스토어 iTunes store'에는 오디오북을 구입할 수 있는 메뉴가 있습니다. 책 제목을 검색창에 입력하고 구입하면 음성 파일을 다운로드할 수 있어요. 그러고 나면 아이폰이나 아이팟으로 언제 어디서든 여러 번 반복해서 들을 수 있습니다.

사실 책을 귀로 들어서 이해하는 것은 난이도가 높고 상당한 시간을 투자해야 하기에, 오디오북을 처음부터 끝까지 듣는 일은 생각만큼 쉽지 않아요. 하지만 한 번 독파한 책이라면 내용과 흐름을 이미 파악한 상태이고 영문 표현에도 익숙해졌을 테니 비교적 이해하기 쉬울 거예요.

초보자이면서 처음 듣는 오디오북(책으로도 읽어본 적이 없는 경우)이라면 집중해서 들어야 내용을 이해할 수 있겠지만, 한 번이라도 활자로 읽은 책은 자동차나 지하철로 이동 중인 틈새 시간에 충분히 들을 수 있고 내용도 비교적 수월하게 따라갈 수 있습니다.

앞에서 언급했던 『성공하는 사람들의 7가지 습관』의 경우, 오디오북이 3시간 22분으로 긴 편이었는데 하루에 30분씩 들으면 1주일, 하루에 15분씩 틈새 시간을 활용하면 2주일이 걸립니다. '영어 책 한 권을 그것도 귀로만 듣다니, 무리 아니야?'라고 반박하는 사람도 있겠지만 이미 독파한 책이라면 의외로 수월할 거예요.

오디오북으로 한 권을 다 듣게 되면 활자로 독파했을 때보다 더 큰 성취감이 더해져, 특히 듣기에 대한 자신감이 생깁니다. 이러한 자신감은 '영어 뇌' 형성에도 큰 도움이 됩니다.

또한 오디오북은 여러 번 반복해서 듣는 것이 좋아요. 많이 들을수록 영어가 머릿속에 직접 입력되어 '영어 뇌'와 '영어 귀'가 트이기 때문입니다. 오디오북의 음성을 듣고 소리 내어 발음하는 섀도잉 연습까지 병행하면 듣기 훈련과 더불어 말하기 훈련도 가능해요. 한 발 더 나아가 오디오북의 내용을 듣고 받아쓰는 딕테이션을 하면 듣기와 쓰기 훈련이 됩니다. 섀도잉과 딕테이션을 활용한 영어 공부법에 대해서는 나중에 좀 더 자세하게 설명하도록 하겠습니다.

처음에는 책을 '귀'와 '입'으로 읽고, 두 번째는 오디오북을 '귀'로 읽고, 세 번째는 오디오북을 '귀'와 '입'으로 읽고, 네 번째는 오디오북을 '귀'로 읽으면서 '손'으로 딕테이션하여 책의 내용을 확인합니다. 이렇게 한 권을 다양한 각도에서 접근하면 읽기, 듣기, 말하기, 쓰기 등 모든 영역의 능력을 향상시킬 수 있어요.

앞에서는 책 한 권을 독파한 후에 오디오북을 들으라고 설명했는데, 사실 다 읽기 전에 읽은 부분만 먼저 오디오북을 듣거나 섀도잉 연습을 하는 방법도 좋습니다. 읽은 내용을 곧바로 귀로 들으면 머릿속에 내용이 금세 각인되어 훨씬 더 쉽게 이해할 수 있기 때문이에요.

만일 마음에 드는 책을 발견했다면, 반드시 오디오북도 함께 구입하여 여러 각도에서 책을 음미해보시길 바랍니다. 이것이 영어책 한 권으로 영어 능력을 효율적으로 향상시키는 공부법입니다.

듣기와 쓰기는
한 몸이라고 생각한다

시간과 글자 수를 정해놓고 쓰기

이번에는 쓰기 영역에 관련된 공부법에 대해서 소개하고자 합니다. 기존의 영어 교육은 '영작문'이라고 해도 한두 문장 정도의 우리말 문장을 영어로 번역하는 정도입니다. 이는 점수를 매기는 사람의 입장에서 채점하기 쉬운 방식으로 학교 시험은 물론 대학 입시에서도 많이 출제되는 유형이에요. 어디까지나 채점하는 사람의 입장에서 생각한 논리일 뿐, 영어를 잘하고 싶은 학습자의 입장에서는 비효율적인 최악의 학습법입니다.

왜냐하면 실제로 영어로 문장을 쓸 때는 우리말로 생각하고 쓴 후에 그것을 한 글자씩, 한 문장씩 영어로 바꾸지 않기 때문이에요.

영어를 쓸 때는 영어로 생각하고 영어로 직접 쓰는 것이 가장 편리합니다. 그래야 가장 빠르게 쓸 수 있어요. 영문을 읽을 때도 일일이 우리말로 번역해서 이해할 것이 아니라, 영어로 직접 이해해야 속독이 가능한 것과 마찬가지입니다.

따라서 영문 쓰기 훈련을 할 때도 우리말 문장을 영어로 바꿀 것이 아니라, 영어로 직접 쓰는 것이 중요해요. 또한 한두 문장 정도의 짧은 문장은 영어 단어를 일일이 검색하면서 완벽하게 쓰려고 애쓰지 말고, 100% 완벽하지 않아도 괜찮으니 되도록 영작문을 많이 해보세요.

이러한 관점에서 보면 토플은 쓰기 영역이 잘 만들어졌다고 볼 수 있습니다. 영어로 만들어진 영어 시험이니 당연하겠지만, 우리말을 영어로 번역하는 것이 아니라 영어로 질문을 하고 제한된 시간 내에 영어로 자유롭게 논술하도록 구성되어 있기 때문이에요. 그래서 우리말을 통하지 않고 바로 영어로 쓸 수 있습니다. 또한 채점 기준이 짧은 문장을 정확하게 번역했느냐에 있지 않고 전체적으로 논리적인 문장인지를 중시합니다. 그래서 한 글자, 한 문장에 집착하기보다 제한된 시간 내에 논리적인 구성을 갖춘 문장을 얼마나 썼느냐로 점수를 매깁니다.

초보 학습자는 대부분 제한된 시간 내에 충분한 양의 문장을 쓰지 못합니다. 영어로 글을 쓴다는 것 자체에 익숙하지 않아서 정확한 문장을 구사하기 이전에 빨리 쓸 수조차 없습니다. 저도 처음에는 그랬고 논리적인 구성도 엉망이었습니다. 점수도 CBT 형식에서 6점 만점 중 3점으로 좋지 않았어요.

하지만 토플 쓰기 연습을 하면서 한 글자, 한 문장에 집착하기보다 빠른 속도로 많은 양의 영어 문장 쓰기를 연습하고 전체적으로 의미가 통하는 선에서 명확한 논리적인 구성을 갖출 수 있게 되었습니다. 구체적인 방법으로는 영문으로 출제된 질문에 30분 동안 영어로 답하는 연습을 했어요. 이때 시간을 재면 실제 시험처럼 집중력이 높아지고 문장 구사 능력의 효율을 향상시킬 수 있습니다. 이것이 쓰기 연습의 포인트가 됩니다.

또한 답을 쓸 때는 펜으로 종이에 적기보다 컴퓨터를 사용하는 편이 좋습니다. 토플도 그렇지만 요즘은 실생활에서 영문을 쓸 때 메일이나 리포트, 발표 자료, 의사록 등 컴퓨터나 스마트폰을 사용하는 일이 많아요.

학교에서는 컴퓨터를 한 사람에게 1대씩 제공할 수 없어서 종이와 펜을 주고 우리말을 영어로 번역하라고 하지만, 이 역시 시험을 출제하는 입장의 논리에 지나지 않습니다. 실생활과 괴리가 있는 것보다 실제로 사용하는 형식으로 훈련하는 편이 훨씬 능률이 높은 학습법입니다.

또한 제한 시간을 두고 컴퓨터로 영문을 쓸 때는 워드 파일이 아니라 텍스트 파일을 사용합니다. 워드 파일은 철자나 문법이 틀리면 빨간색 밑줄이 자동으로 표시되어 쓰기 연습에 도움이 되지 않아요. 혼자서 테스트를 볼 때는 아무것도 표시되지 않는 텍스트 파일에 실제 시험장에 와 있는 것처럼 이미징을 하고서 써보세요.

그리고 시간이 다 됐으면 텍스트 파일의 영문을 복사해서 이번에는 워드 파일에 붙여넣기하세요. 그러면 자신이 쓴 영문의 철자나 문법이 틀린 곳에 빨간색 밑줄이 표시될 겁니다. 이때 몇 군데가 틀렸는지 잘 기록해두세요. 이렇게 컴퓨터를 활용한 작업을 반복하면서 되도록 틀린 곳을 줄이려고 의식적으로 노력합니다.

참고로 워드 파일은 단어 수도 확인이 가능해 이것 역시 성과 지표의 하나로 활용할 수 있어요. 제한된 시간 내에 쓸 수 있는 단어 수가 쓰기 속도를 나타내기 때문입니다. 30분에 400~500개 정도의 단어를 쓸 수 있도록 목표 설정을 하고 맞춰나가보세요. 이는 토플의 쓰기 영역 시험의 기준이기도 합니다.

제 경우에 초반에는 30분에 150개 단어 정도밖에 쓸 수 없었어요. 그런데 위와 같은 훈련을 반복하면서 같은 시간 내에 500개 단어까지 쓸 수 있게 되었고, 속도도 3배 이상 빨라졌습니다. 이 정도 분량을 쓸 수 있게 되면, 어떤 주제가 주어지든 근거와 구체적인 사례를 들어서 충분히 논리적으로 작문할 수 있습니다. 실제로 저는 이 훈련을 통해 3점에서 6점 만점까지 점수를 두 배나 급상승시킬 수 있었어요.

한편, 단어와 문법이 잘못된 곳이나 단어 수를 확인하는 것 외에 논리적인 구성을 스스로 검토하고 분석하는 작업도 필요합니다. 논리에 맞는지, 근거는 충분한지, 구체적인 사례가 드러나 있는지 등은 스스로도 얼마든지 판단할 수 있습니다. 논리성도 스스로 채점해보고 몇 점인지 기록해두세요.

이렇게 직접 채점하고 분석하는 과정 자체가 논리 정연한 영어 문장을 쓰는 훈련이 됩니다. 원어민이 확인해줘야 마음이 놓인다는 사람도 많은데, 이렇게 독학으로도 쓰기 연습은 얼마든지 할 수 있어요.

짧은 우리말 문장을 영문으로 바꾸는, 아무 짝에도 소용없는 비효율적인 공부에서 벗어나, 영어로 생각하고 영어로 쓰는 실전 훈련을 합시다. 단, 이때 시간과 점수를 체크해야 집중력과 실력 향상이 직접 피부로 느껴질 거예요. 그것이 바로 16배 빠른 쓰기 공부법입니다.

듣기 집중 모드를 만드는 딕테이션

앞에서 '유튜브 영어 공부법' 6단계에 대해서 언급했는데 이 과정에서 영어를 집중 모드로 청취하여 듣기 능력을 강화하기에 좋은 방법이 있습니다. 바로 '딕테이션'이에요. 이는 학습을 시작한 지 3개월 정도 지나서, 즉 어느 정도 영어를 접하고 영어를 듣는 데 익숙해졌을 때부터 시작하는 것이 좋습니다.

유튜브로 영어 동영상을 시청하면 기본적으로 실전 영어를 많이 접하는 '다청多聽'이 가능해져요. 과거의 저를 포함해서 우리가 듣기에 약한 이유는 살아 있는 영어를 들을 일이 거의 없기 때문이에요. 즉 듣기 능력에 필요한 시간이 절대적으로 부족합니다. 그래서 다청 자체가 하나의 공부법이 됩니다.

단, 영어를 무조건 많이 듣는 방법이라서 이해하지 못하고 흘려 듣는 경우도 있을 거예요. 그래서 귀로 들은 영어를 완벽하게, 그리고 정확하게 듣는 훈련인 '정청精聽'을 병행하면 효과가 배가됩니다. 읽기 능력을 향상시키기 위해서 많은 양의 영문을 상세하게 분석하는 대신 빠르게 읽는 다독과 영문을 한 문장씩 천천히 읽는 정독을 병행하는 것과 마찬가지예요.

듣기 학습에서 정청을 실천하는 데 효과적인 것이 딕테이션입니다. 딕테이션은 앞에서 언급했듯이 귀로 들은 음성을 글로 받아

쓰는 방법이에요. 즉 '테이프 레코딩'과 같은 작업이라고 생각하시면 됩니다. 딕테이션을 하려면 일단 정확하게 들어야 해요. 당연히 한 번만 듣고 받아쓸 수 없으므로 한 문장씩 여러 번 반복해서 들어야 합니다.

예전에는 종이에 펜으로 적었는데 지금은 컴퓨터로 치는 편이 효율적입니다. 손으로 쓰는 것보다 컴퓨터 자판이 빠르고 수정도 간편하며 자기가 쓴 철자가 맞았는지도 확인할 수 있으니까요.

딕테이션용 자료로는 듣기 연습을 하다가 마음에 든 음성이나 동영상 중 대본이 있는 것이면 뭐든지 좋습니다. 유명한 스피치는 인터넷으로 검색하면 곧바로 영문 대본을 찾을 수 있을 거예요.

제가 개인적으로 좋아하는 스피치는 스티브 잡스가 한 스탠포드대학 졸업 연설입니다. 이 동영상은 인터넷 상에서도 큰 화제를 모아 이른바 '전설의 스피치'로 유명합니다. 그가 갈무리하는 장면에서 언급한 "Stay hungry, stay foolish."는 제 좌우명으로 삼을 정도로 여러 번 반복해서 들었습니다.

▶▶ 스티브 잡스 스탠포드대 졸업 축사

https://goo.gl/g9vec

이렇게 마음에 드는 스피치 외에도 앞에서 언급했듯이 자신이 독파한 영어책의 오디오북을 딕테이션을 하는 것도 상당히 효과적이에요. 그 외에 좋아하는 유명 인사의 인터뷰든 마음에 드는 영화든 뭐든 자기가 좋아하는 것을 활용해보세요. 왜냐하면 여러 번 반복해서 들어야 가능한 작업이라, 되도록 힘들지 않게, 질리지 않고 즐겁게 할 수 있어야 하기 때문입니다.

분량은 5~15분 정도가 적당해요. 그래서 스피치 동영상이 적합하고, 유명한 스피치는 많은 청중들이 듣기 쉽도록 천천히 그리고 명확하게 발음하기 때문에 질적인 측면에서도 안성맞춤입니다.

일단 처음에는 음성영상이 있는 것을 끝까지 들어보고 전체적인 내용과 흐름을 파악합니다. 그러고 나서 한 문장씩 끊어서 딕테이션 하세요. 절대로 모든 문장을 한 번만 듣고 받아쓸 수 없으므로 여러 번 반복해 들으면서 문장을 채워나갑니다. 만일 여러 번 들어도 모르는 부분이 있다면 빈칸으로 남겨두세요. 한 문장의 딕테이션이 끝나면 그 다음 문장으로 넘어갑니다. 이러한 과정을 반복하면 스피치 하나의 딕테이션이 완성될 거예요. 이때 스피치 전문을 다 받아쓸 필요는 없습니다. 가능한 1시간 정도 범위 내에서 끊으세요.

분량을 적당한 선에 갈무리했다면 그 범위 내의 영문 대본과 자기가 받아쓴 딕테이션을 비교해보고 맞았는지 틀렸는지를 확인합니다. 틀린 부분은 빨간 펜으로 표시하고 수정하세요. 이렇게 표시하다 보면 자기가 듣지 못한 부분과 문장, 단어 등이 명확해집니다. 이때 워드 파일의 '변경 이력 기능'을 이용하여 딕테이션한 문장과 스크립트를 비교해보는 것도 좋은 방법입니다.

이러한 과정을 거쳐서 스피치 하나의 딕테이션을 마치고 나면 뭔가 해냈다는 느낌을 맛보게 됩니다. 단, 마지막 단계로 대본을 보지 않고 끝까지 다시 한 번 들어보세요. 아마도 각 단어와 문장을 완벽하게 들을 수 있을 거예요.

여기까지 설명한 방법은 유튜브나 인터넷 또는 개인이 소장한 CD, 워드 파일을 이용한 무료 딕테이션 방법입니다. 이 방법 외에도 인터넷 상에서 딕테이션 훈련을 할 수 있는 편리한 사이트가 있습니다. 〈smart.fm^{구 iKnow!}〉이라는 온라인 영어 학습 사이트예요. 예전에는 무료로 이용할 수 있었는데 저도 많은 도움을 받았습니다. 워드 파일을 사용하거나 유튜브에 접속하지 않아도 이 사이트 내에서 모든 연습을 할 수 있고, 딕테이션이 틀렸으면 자동적으로 표시되어 정답을 맞힐 때까지 다음 문장으로 넘어가지 않게 설정되어 있습니다. 앞에서 언급했던 유명 인사의 스피치와 영화의 여러 장면 등을 자료로 사용하고 있어서 편리하고요. 지금은 유료로 전환되어 사용자 입장에서는 안타까운 일이지만 월 이용료도 영어회화 학원이나 CD 교재보다는 훨씬 저렴한 편이니 꼭 한 번 접속해보시길 바랍니다.

〈smart.fm〉 외에 〈TED〉의 프레젠테이션 동영상을 이용해서 딕테이션을 하는 〈TEDICT〉이라는 스마트폰용 앱도 있습니다. 이 앱은 부분적으로 사용할 수 있는 무료 버전과 풀버전의 유료 버전이 있는데, 유료라고 해도 음료수 한 병 가격이므로 일단 무료 버전을 체험해보고 마음에 들면 유료 버전을 구입하도록 하세요.

이렇게 온라인 사이트나 앱을 활용하면 게임을 한다는 기분이 고조되어 한층 즐겁게 학습할 수 있습니다. 게임을 즐긴다는 기분으로 딕테이션을 연습할 수 있다면 집중력이 높아지고 듣기 학습의 '효율'이 향상되는 것은 두말할 필요도 없겠죠.

살아 있는 영어를 많이 듣는 다청에 딕테이션을 통한 정청을 더하면 살아 있는 영어를 정확하게 듣는 훈련이 됩니다.

일단
따라 읽어보기

앞에서 소개한 딕테이션은 듣기 능력을 위한 학습법이었는데, 이제 말하기 능력을 발전시킬 방법을 소개하겠습니다.

방금 전에 마음에 드는 스피치를 활용한 딕테이션 연습을 제안했는데, 이번에는 스피치를 완벽하게 따라하는, 마치 자기가 연설가가 된 것 마냥 진지하게 연습하는 것입니다.

이미 딕테이션을 했던 스피치라면 내용과 표현, 발음, 억양, 흐름 등이 머릿속에 입력되어 있을 거예요. 이번에는 이를 입 밖으로 끄집어내보세요. 즉 '영어 귀'를 통해서 '영어 뇌'로 들어간 것을 '영어 입'으로 연결시키는 작업입니다.

유튜브에 접속해서 스피치 동영상을 틀어놓고 연설가의 말과 같은 속도로 소리 내어 말하세요. 이때 목소리 크기는 연설가의 음성과 자기 음성이 모두 들리는 정도가 가장 좋습니다. 되도록 연설가의 발음과 말투를 흉내 내서 그와 비슷하게 말하려고 연습해보세요.

또한 딕테이션을 하지 않았더라도 감동적인 스피치를 발견했다면, 여러 번 듣고 흉내 내보는 것도 좋아요. 영어 음성을 듣고 약간의 시간차를 두고 따라서 발음하는 것을 '섀도잉'이라고 하는데, 다른 상황에서도 활용할 수 있는 학습법이지만 스피치를 따라하는 섀도잉은 특히 더 효과적입니다.

인상 깊은 스피치를 발견했다면 감정을 이입해 자기가 연설가가 되었다고 생각하고 따라해보세요. 애플 전 CEO 스티브 잡스가 된 것처럼, 또는 미국 최초의 흑인 대통령 버락 오바마가 된 것처럼, 흑인 차별 철폐라는 역사적인 위업을 달성한 마틴 루터 킹 목사가 된 것처럼 말이에요. '그건 좀 오버 아니야?'라는 사람도 있겠지만 역사적인 순간에 서서 스피치를 한다고 상상해보면 심장이 두근거리고 설레어 영어 공부에 대한 의욕도 샘솟을 거예요. 여러 번 반복해서 강조하지만 '즐겁게' 하는 것이 '효율'을 향상시키는 가장 좋은 방법입니다.

또한 유튜브를 활용하면 영상을 직접 보면서 연습할 수 있어서 훨씬 감정 이입이 수월합니다. 영어에 이미지와 감정을 연결하는 것은 어학 학습의 철칙입니다. 듣기뿐만이 아니라 말할 때도 감정을 이입한다면 잘 잊히지 않기 때문이에요.

실제로 저도 스피치를 흉내 내는 연습을 했습니다. 스티브 잡스는 물론, 마틴 루터 킹 목사의 'I have a dream', 케네디 전 대통령의 취임 연설인 'Ask not what your country can do for you. Ask what you can do for your country', 하버드대 졸업식의 졸업생 대표 연설 등 수많은 스피치를 찾아서 듣고 연습했습니다.

스피치 자료는 유튜브에 접속해 'speech'라고 검색하면 많은 동영상이 나올 거예요. 어떤 스피치일지 궁금하거나 관심이 있는 것을 재생해보고 마음에 드는 것을 골라 따라해보세요.

스피치를 한 번만 듣는 것이 아니라 여러 번 반복해서 듣다 보면 결국 전체 내용을 외우게 됩니다. 그러면 영어 음성 없이도 혼자 연설할 수 있을 거예요. 스피치를 대본 없이 말할 수 있게 되면 성취감은 물론 자신감도 붙게 됩니다. 즉 다양한 스피치를 섀도잉으로 따라하고 그중 마음에 드는 스피치를 하나 정해서 암기하고 혼자 연설할 수 있도록 학습하는 것이 좋은 말하기 훈련법입니다.

귀가 트이기 시작하면 섀도잉으로 넘어가자

앞에서 스피치를 들으면서 시간차를 두고 따라 발음하는 섀도잉에 대해서 소개했는데, 이는 스피치 말고 다른 영어 자료로도 충분히 실천 가능합니다.

섀도잉은 잘 들어야 하기 때문에 집중해서 듣는 능력을 향상시킬 수 있어요. 또한 원어민 발음이나 억양, 리듬을 흉내 내서 직접 입 밖으로 소리내므로 당연히 말하기 연습도 됩니다. 그래서 지금까지 듣기 영역을 위한 대책에서 설명한 것은 모두 섀도잉 연습의 교재가 됩니다. 섀도잉은 그냥 듣는 것보다 훨씬 난이도가 높아서 공부를 시작한 지 얼마 안 된 초기 단계에 실행하기에는 어려울 수 있습니다. 살아 있는 영어를 많이 접하고 영어를 듣는 데 조금 적응이 되었을 무렵, 대략 3개월째부터 시작하는 게 가장 좋을 거예요.

섀도잉 교재는 말하는 속도가 빠르지 않아야 하기 때문에 스피치 말고도 앞에서 소개했던 ESL 강의 동영상이 적당합니다. ESL은 영어가 모국어가 아닌 사람들을 대상으로 한 강의라서 쉬운 영어를 천천히 그리고 정확하게 구사합니다. 섀도잉에 딱 좋은 수준이죠. 만일 섀도잉 교재로 영화나 드라마, 뉴스를 선택한다면 속도가 빠를 뿐만 아니라, 영어 표현도 외국인에게 다소 생소하고 난해한 것이 많아서 따라할 수 없을 거예요. 이런 교재는 듣기 능력이 어느 정도 궤도에 올랐을 때, 즉 학습을 시작한 지 6~9개월 정도 되었을 때 시작하세요. 이렇게 듣기 능력을 위한 대비책 역시 자기 레벨에 맞는 것부터 시작해 익숙해지는 연습을 한 다음, 서서히 레벨을 높여나가는 것이 가장 좋은 방법입니다.

그리고 1년간의 영어 공부가 후반기에 접어들어 서서히 섀도잉에 익숙해졌다면, 이때부터는 귀에 들리는 모든 영어를 섀도잉합니다. 즉 섀도잉을 습관화하는 것입니다. 영어가 들리면 무조건 입 밖으로 소리 내어 발음하세요. 틈새 시간에 TV를 영어로 시청할 때 또는 유튜브로 엔터테인먼트 동영상을 시청할 때, 듣기 문제의 CD를 재생해서 확인할 때, 오디오북을 들을 때, 영화를 감상할 때(2시간 동안 계속 하려면 상당히 힘들 테니 집중력이 유지될 동안 일부분만 해도 상관없습니다), 영어 뉴스를 들을 때, 〈TED〉 프레젠테이션을 시청할 때 등 모든 상황에 섀도잉을 도입하세요.

스피치만이 아니라 다양한 영어를 따라하는 것은 실생활의 다양한 상황에서 영어로 말해보는 연습이 됩니다. 해외 여행지에서의 간단한 회화나 친구와 나누는 대화, 비즈니스 현장에서 주고받는 상담, 토론, 프레젠테이션, 스피치 등 다양한 상황에서 오가는 살아 있는 영어를 섀도잉하고 흉내 내는 것은 듣기는 물론, 어조, 강세 등의 말하기 능력에도 효과적인 일석이조의 공부법입니다.

온라인 유학으로
1시간 수업에 집중해보자

'유튜브 영어 공부법'의 6가지 단계에서도 언급했지만, 영어 공부를 시작한 지 9개월 정도 되었다면 미국이나 영국 대학의 강의 동영상을 실제로 유학을 떠났다고 상상하며 시청해보세요. 이때, 〈TED〉의 프레젠테이션 동영상은 6~18분 정도였지만 대학 강의는 평균 1시간 이상입니다. 물론 영어를 1시간 동안 집중해서 들으려면 상당히 힘들 거예요. 하지만 스피치나 프레젠테이션 동영상에 익숙해지면 1시간 정도의 강의 동영상은 무난히 들을 수 있게 됩니다.

유튜브에는 다양한 장르의 교육용 동영상을 모아둔 〈YouTube EDU〉라는 페이지가 있습니다. 앞에서 예로 든 ESL 채널에는 '평생 교육Lifelong Learning'이라는 카테고리에 업로드되어 있고요. 이밖에 'Science^{과학}'나 'Business^{비즈니스}', 'Humanities^{인문}' 등 주제별로 동영상과 채널이 정리되어 있습니다. 또한 'Primary & Secondary Education^{초중등 교육}' 카테고리에는 초중고 학생을 위한 동영상이 업로드되어 있습니다. 그중에는 'University^{대학}'도 있는데 하버드 대학이나 콜롬비아 대학, 스탠포드 대학, MIT 등 여러 대학의 강의와 교수 인터뷰, 졸업생 스피치 등 다양한 자료를 찾아볼 수 있습니다.

이중에서 자기가 좋아하는 분야나 수강하고 싶은 강의를 선택하여 실제로 수업에 참여한다고 가정하고 들어보세요. 유학생이 되어 대학 강의를 수강하는 것 같은 경험이 될 거예요.

Part 3의 '시간'에서 토, 일을 온종일 영어 시간으로 활용하는 '주말 유학'을 제안했는데, 이것은 시간만이 아니라 내용까지도 유학이라는 개념에 적합한 학습법입니다.

그런데 솔직히 말해서 1시간의 강의 동영상을 집중해서 듣기란 그리 간단한 일이 아닙니다. 집중력을 높이고 효율을 향상시키려면 요령이 필요합니다. 그러므로 당연한 것이지만 재미있어 보이거나 관심이 가는 강의와 강사를 선택하세요. 실제로 미국이나 영국 등의 대학에서는 학기가 시작되는 첫 주에 'Shopping Class'라고 해서 다양한 강의를 시험 삼아 수강해보고 이수하고 싶은 과목을 선택하는 기간이 있습니다. 이 기간에 강의 내용이 흥미로운지, 장래에 도움이 될 것인지, 강의 방식이 자기와 맞는지 등을 확인합니다. 유튜브나 온라인상에서도 이와 마찬가지로 관심이 가거나 흥미로울 것 같은 강의를 찾는 것이 중요해요.

만일 직장인이나 사업가라면 스탠포드 대학 같은 비즈니스 스쿨에서 진행하는 매니지먼트나 마케팅, 기업 관련 강의도 좋고 제너럴 일렉트릭General Electric Company의 전 CEO 잭 웰치John Frances Welch Jr., 알리바바Alibaba의 창업자인 잭 마Jack Ma 등의 게스트 강연을 들어보는 것도 좋습니다. 그 외에 NHK가 방송한 〈하버드 백열교실〉이나 저서 『정의란 무엇인가?Justice – What's the Right Thing to Do?』로 유명한 하버드대 교수 마이클 샌델Michael Sandel의 정의에 관한 강의도 추천합니다. 한 학기 분의 강의 12회가 모두 공개되어 있어서 1학점을 이수할 수 있어요.

만일 흥미로운 강의를 발견했다면, 실제로 대학 강의를 듣는다고 상상하면서 수강해보세요. 노트와 펜을 들고 필기하면서 진지하게 들어보는 거예요. 노트북에 메모를 타이핑하면서 들어도 상관없습니다. 강의 포인트가 무엇인지, 논점이 무엇인지, 기억에 남은 문장이나 흥미롭다고 느꼈던 부분들을 모두 적으세요. 그리고 교수가 질문을 하거나 수업 도중에 토론이 벌어지면 강의실의 학생들과 함께 생각하고 대답해보세요. 진짜로 강의에 참여하고 있다는 생각으로 임하는 것이 키포인트입니다.

그리고 1시간의 강의가 끝나면 내용을 영어로 요약해봅니다. 앞에서 소개했던, 시간을 재고 단어 수를 세면서 글을 쓰는 연습을 여기서 적용할 수 있습니다. 강의를 들으면서 적었던 메모를 참고해 20~30분 동안 400~500개 단어로 요약해보세요. 이 훈련은 제가 나중에 회의 의사록을 영어로 작성하거나 기획 아이디어를 A4용지 1장에 정리하는 데 큰 도움이 되었습니다.

대학 강의를 무료로 시청할 수 있는 방법으로 〈YouTube EDU〉를 소개했는데 이밖에도 편리한 방법이 있습니다. 아이폰이나 맥(Mac, 애플에서 개발한 매킨토시 컴퓨터의 애칭) 사용자라면 아이튠즈 U(iTunes U, 유명 대학 강의를 제공하는 애플의 교육용 앱)를 이용해보세요. 여러 대학의 다양한 강의를 제공하고 있고, 무엇보다 가장 큰 장점은 한 학기 분의 코스를 등록하면 모든 강의 동영상은 물론, 읽기 과제 텍스트를 PDF 파일로 다운로드할 수 있습니다. 웹사이트 링크를 클릭하면 열람도 가능합니다. 그야말로 실제로 유학을 가서 코스를 이수하는 것과 같아요. 텍스트를 읽고 예습하고 강의를 시청하면 깊이 이해할 수 있어서 영어 공부의 관점에서도 효과적입니다. 또한 강의 동영상에 영어 자막을 표시할 수도 있어서 영어 듣기에 어려움이 있는 사람도 편하게 이용이 가능합니다.

실제로 온라인에서 학점을 이수할 수 있는 방법도 있어요. 최근에 미국을 중심으로 대학의 온라인화, 오픈화가 급속히 진행되고 있어서 온라인상에서도 무료로 코스를 이수할 수 있게 되었습니다. '오픈 에듀케이션'이라는 흐름으로 〈무크MOOC, Massive Open Online Course〉라고 불립니다. 대표적인 무크로 'Coursera'와 'Udacity', 'edx' 등이 있습니다. 이 사이트에서는 사용자가 등록한 강의의 과제와 테스트, 시험 등을 포함해서 한 코스를 모두 마치면 이수 증명서도 발행해줍니다. 이렇듯, 시험 삼아 시청만 하는 것이 아니라 국내에서도 진짜 '유학'이 가능해진 것입니다.

▶▶ **Coursera**

https://www.coursera.org

▶▶ **Udacity**

https://www.udacity.com

▶▶ **edX**

http://www.edx.org

실제로 코스를 이수하는 편이 훨씬 동기 부여가 되고 긴장감도 높아져 학습 효과가 커질 거예요. 그러니 목표를 세운 1년간의 최종 마무리로 대학의 한 코스를 실제로 이수해보는 것은 어떨까요? 유학도 더 이상 꿈이 아니라 현실이 될 것입니다.

하루의 반성을
1분 스피치로!

앞에서 말하기 훈련법 중 하나로, 유명한 스피치를 흉내 내거나 다양한 영어를 섀도잉하는 방법을 소개했는데 이 방법 외에 또 다른 말하기 훈련법이 있습니다. 하루의 반성을 1분 동안 스피치하기입니다. 갑자기 영어로 뭔가를 말하려고 하면 당연히 쭈뼛거리게 될 거예요. 그러니 오늘 하루 동안 자신의 경험이나 주변에서 일어난 일들을 영어로 이야기해보면 진입 장벽이 훨씬 낮아집니다.

또한 '1분'이라는 시간은 짧지도 길지도 않은 시간이에요. 자기소개를 하거나 토론에서 자기 의견을 말할 때 적당하다고 느껴지는 길이입니다. 토플에서도 45초 또는 1분 동안 영어로 대답하는 문제가 주어집니다. 시간이 다 되면 머뭇거리는 도중에 시험이 끝나거나,

●하루의 반성을 '1분 스피치'로!

이와 반대로 1분 동안 아무 말도 하지 못하고 끝나는 경우가 종종 있어요. 따라서 하루의 반성을 1분 스피치할 때는 반드시 시간을 재면서 연습하세요.

또한 자기 목소리를 녹음해서 들어보는 것도 좋아요. 객관적인 관점에서 자기가 구사하는 영어가 어떻게 들리는지, 어떤 발음이 불명확해서 잘 들리지 않는지를 분석해서 교정할 수 있기 때문입니다.

만일 1분 동안 제대로 말하지 못했다면 자기가 말한 문장을 적어서 부드러운 영어로 수정하고 다시 한번 스피치를 해보세요. 적어놓은 문장을 보지 않고서 여러 번 연습해보고 완벽하게 말할 수 있게 되면 다시 녹음해서 전에 녹음한 것과 비교해봅니다. 이러한 훈련만으로도 처음에 떠듬떠듬했던 영어는 훨씬 유창한 영어로 성장해 있을 거예요.

하루가 끝나고 잠자리에 들기 전에 매일 이 훈련을 해보세요. 교정하고 연습하는 풀버전도 30분이면 모두 끝낼 수 있습니다. 시간이 부족하다면 스피치를 하고 녹음한 것을 들어보기만 하는, 간소한 3분 버전도 충분합니다. 30분이든 3분이든 이 작업을 지속할 수 있느냐 없느냐가 말하기 능력에 커다란 격차를 가져다 줄 거예요.

혹시 하루의 반성을 1분 동안 스피치하는 것에 익숙해지고 매일 비슷한 생활이 반복되어 별다른 이야깃거리가 없다면, 토플의 말하기 영역에 출제되는 문제로 훈련해보세요. 대개 토플의 첫 번째 문제로는 다음과 같이 우리의 일상에 가까운 주제들이 출제됩니다.

Q : What was the biggest challenge in your life and how did you overcome it? Use examples and details to support your explanation.

출처 : 아이폰용 앱 〈TOFEL Speaking〉, XuVi 발행

시간을 재면서 이러한 질문에 대답하는 훈련을 해보세요. 기출 문제는 시중에 판매되는 교재나 웹사이트, 앱 등을 적극 활용할 수 있습니다. 실제로 시험을 본다는 생각으로 마인드컨트롤하면 적당한 긴장감이 생겨 도움이 될 거예요. 토플 시험을 대비한다고 생각하면 점수 향상이라는 동기 부여로도 이어질 수 있습니다.

갑자기 '1시간 동안 영어로 말하세요'라고 하면 당황스럽겠지만, 1분이라면 어떻게든 시도해볼만 하고 시간도 오래 걸리지 않겠죠. 1분 동안 집중해서 효율적으로 지속할 수 있느냐 없느냐가 자신의 영어 말하기 능력을 좌우하는 열쇠가 될 것입니다.

10분 동안
영어 프레젠테이션을
해보자

1분간의 스피치 훈련으로 영어로 말하는 데 익숙해졌다면, 이번에는 조금 더 길게 말하는 기회를 만들어보세요. 5~10분 정도의 말하기로 가장 적당한 것이 프레젠테이션이나 연설입니다.

주제는 자유롭게 정하시면 됩니다. 지금까지 배웠던 것이나 노력해본 일, 장래 희망 등에서 정리해보세요. 예를 들어서, 대학 졸업식에서 연설을 하게 된다면, 또는 취업 면접에서 경력 사항과 지원 동기에 대한 질문을 받게 된다면, 강연회에 발표자로 초청을 받는다면 등 다양한 상황을 상상해서 연설의 방향을 설정합니다.

이름이나 소속, 취미 등을 나열하는 겉핥기식 자기소개가 아니라, 최근 경력이나 전문 분야, 지금 하고 있는 과제, 앞으로 하고 싶은 일이나 꿈 등은 비즈니스 현장은 물론 회식 자리에서도 활용할 수 있습니다. 이러한 이야기를 좀 더 깊이 나누면서 첫 대면일지라도 서로를 이해하고 호감을 가질 수 있도록 영어로 연습해두면 다양한 상황에서 응용할 수 있습니다.

한 번은 연습 삼아 영어 말하기 대회에 '나의 인생 이야기'를 주제로 참가한 적이 있습니다. 단상에 올라가 10분 동안 말하려면 모국어라도 미리 대본을 준비해야 합니다. 심지어 10분 동안 영어로 이야기하기에는 실력이 터무니없이 부족했습니다. 그래서 영어 원고를 만들어 여러 번 반복해서 연습했고, 실전에서는 원고 없이도 무사히 스피치를 마칠 수 있었습니다. 다행히 대회에서 우승을 했지만 결과에 상관없이 영어로 스피치를 해보는 경험과 자신감이 무엇보다 소중하다는 것을 알게 되었습니다. 이때의 경험이 있었기에 하버드 대학원에서도 발표 과제들은 비교적 무난하게 마칠 수 있었습니다. 이후 업무상 해외 출장을 나가거나 국제회의에 참여했을 때에도 프레젠테이션과 스피치, 사업 설명, 사회 등은 자신 있게 수행해왔습니다.

말하기 훈련으로 10분 동안 스피치나 프레젠테이션을 할 때는 스스로 원고를 써서 파워포인트로 발표 자료를 만들어보는 게 좋습니다. 만일 발표할 기회가 없다면 혼자 비디오카메라나 스마트폰으로 동영상을 촬영해 확인하는 것도 좋은 방법이에요. 1분 스피치와 마찬가지로 듣기 어려운 부분이나 개선해야 할 점이 있다면 수정하고 다시 한 번 연습해보세요. 지인 중에 영어를 잘하는 사람이나 원어민이 있다면 자신의 프레젠테이션을 들려주고 수정할 점을 조언해달라고 부탁해봅시다. 그리고 실제로 발표할 기회가 생긴다면 두려워하지 말고 도전해보세요.

사람들 앞에서 영어로 이야기할 기회를 만드세요. 길게 말해도 사람들이 이해하고 알아듣는다면, 이러한 경험이 영어에 대한 자신감을 가져다줄 것입니다. 영어로 말하는 능력은 특히 '자신감'과 '깨달음', 그리고 '경험의 횟수'가 중요합니다. 설령 문법이 틀렸어도 개의치 마세요. 발음이 원어민 같지 않아도 부끄러워하지 마세요. 적당한 속도와 성량으로 또박또박 말하면 영어는 통하게 되어 있습니다.

Part 1의 '영어 뇌'에서도 언급했지만 영어를 사용하는 인구의 약 80%는 원어민이 아닙니다. 이들은 모국어 발음이 섞인 영어도 아무렇지 않게 사용합니다. 그러니 부끄러워하지 말고 당당하게 영어로 말하세요. 실제로 입 밖으로 내보면 어느새 자신감과 경험이 쌓일 거예요. 그리고 그렇게 해서 쌓인 자신감이 영어 실력을 그 다음 단계로 이끌어줄 것입니다. 이러한 선순환이 생기면 영어는 반드시 잘할 수 있게 됩니다.

　1년 전에는 상상도 하지 못했던 '영어로 프레젠테이션을 한다'는 목표도 효율적인 연습과 실천, 전략적인 시간 배분 그리고 자신감, 즉 영어에 대한 생각의 전환만 있다면 반드시 달성할 수 있습니다.

16배속 Summary

유튜브 사용법 6단계

STEP 1	첫날~일주일	가사가 나오는 외국 가수의 노래 동영상을 보며 듣거나 짧은 ESL 강의를 들으며 워밍업을 시작하세요.
STEP 2	1주일~1개월	ESL 동영상을 지속적으로 시청하시고 그 외 좋아하는 카테고리의 동영상 채널들도 구독해보세요.
STEP 3	1~3개월	ESL은 꾸준히 보시되, 외국 오락 프로그램이나 짧은 스피치 영상들도 듣기 시작하세요.
STEP 4	6~9개월	자막을 포함한 영어 뉴스를 찾아 보세요. 너무 어려운 뉴스로 시작해 의욕이 떨어지지 않게 조심하시고요.
STEP 5	6~9개월	이제는 10분 이상의 영어 프레젠테이션이나 강의 영상, CNN 뉴스 등이 들릴 만한 '영어 귀'가 트였을 거예요. '오프 모드'로 미국 토크쇼를 시도해보는 것도 좋습니다.
STEP 6	9~12개월	다양한 카테고리의 영상을 통해 듣기는 물론 어휘의 폭도 넓혀보세요.

▶▶

★★★★★

PART
5

1년만 실천하면
목표만큼
잘할 수 있는
'일닥영어'

The gratification comes in the doing,
not in the results.

만족은 결과가 아니라 과정에서 온다.

제임스 딘 *James Dean*

이제 지도를 들고
1년간의 영어 여행을 떠나자!

시중에는 영어 공부법에 관련된 서적이 다수 출판되어 있습니다. 그만큼 사람들 사이에서 '영어를 잘하고 싶다'는 욕구가 높다는 뜻이겠죠. 그럼에도 아직 많은 사람들이 영어를 못하는 이유는 무엇일까요?

영어회화 책을 비롯해 영작문을 쓰는 요령, 영어 뉴스를 교재로 한 듣기용 CD, IT 기기를 활용한 영어 학습서, 토플이나 토익 단어장들이 각각 잘못된 학습법을 제시하는 것은 아닙니다. 열심히 실천하면 부분적인 성과를 얻을 수 있을 거예요.

그런데 영어 공부법에 관련된 서적이 너무 많아서 개중 차별화를 꾀하려 한 나머지, 부분적인 정보만 넘쳐나 정작 '무엇을, 언제,

어떻게, 얼마만큼 해야 어느 정도의 영어 목표를 달성할 수 있는지', 즉 전체적인 그림을 명확하게 그릴 수 있도록 안내하는 책은 없었습니다. 제가 이 책을 쓰게 된 이유가 바로 여기에 있습니다.

목적은 간단합니다. 지금까지 학교 교육을 통해서 약 10년 동안 영어 공부를 해왔음에도 영어를 구사할 수 없었던 이들에게 1년간의 영어 학습 목표를 명확하게 세우고 이를 확실하게 달성하기 위한 전체적인 그림을 그릴 수 있는 공부법을 제시하는 것입니다.

그리고 영어 공부에서 성과를 얻기 위해 중요한 4가지 요소를 '영어 공부의 성과=영어 뇌×전략×시간×효율'이라는 방정식을 통해서 정리하고, 각 요소를 향상시키기 위한 포인트를 소개하는 데에 있습니다. 공부에서 성과를 내고 목표를 확실하게 달성하려면 이 4가지 요소와 관련된 구체적인 대책을 마련하여 각 요소의 상승 작용을 최대화하는 것이 중요합니다. 반대로 말하면, 이 4가지 요소 중에서 어느 것 하나라도 부족하면 성과를 얻기 어렵다는 뜻입니다.

기존의 공부법은 대부분 이 4가지 요소 중에서 '효율'만 강조하는 경우가 많았습니다. 특히 어학 학습에서 결정적으로 중요한 '시간'이라는 요소를 독자들에게 현실적으로 각인시키지 않으려고 아예 언급하지 않은 책들도 있어요. 그래서 마치 '마법처럼 갑자기 영어를 잘하게 된다'는 잘못된 메시지를 전달해왔습니다. '시간'을 투자하지 않으면 효과적인 '전략'을 세워도 목표 달성은 불가능합니다. 또한 전략이 없으면 지도 없이 전혀 모르는 목적지를 향해 가는 것과 마찬가지이기 때문에 결국 길을 헤맬 수밖에 없어요. 그러니 항상 작심삼일로 끝나버렸던 거예요.

'부분적으로만 올바른' 영어 공부법을 읽었기에 영어를 잘할 수 없었던 것입니다.

이렇게 아무런 계획도 없이 닥치는 대로 공부하는 방법에서 벗어나, 목적지를 분명하게 설정한 후 상세한 지도를 들고 어떤 교통수단을 이용해서 얼마의 시간을 들여야 가장 빨리 도착할 수 있을지를 생각해야 합니다.

이 책에서는 일단 영어를 못하는 사람들이 영어에 대해 가지는 거부감을 긍정적으로 바꾸고, 영어를 접하면서 영어로 생각하는 것에 익숙해지는 '영어 뇌' 형성 방법부터 소개했습니다.

그리고 모두가 꿈꾸는 '영어를 유창하게 잘하고 싶다'는 막연한 바람을 '1년 후의 명확한 목표'로 재설정한 뒤, 이를 가로로 요소 분해하고, 세로로 시간축 분해를 해서 1년간의 계획과 하루 과제량으로 접근했습니다. 결국 확실한 목표 달성을 위해 '전략'을 짜는 방법을 제시한 것입니다.

또한 기존의 영어 공부법이 외면해왔던, 학습에 절대적으로 필요한 '시간'을 명확하게 제시하여, 계획한 1년간의 기간 안에서 그 시간을 어떻게 확보할 것인지, 현실적이면서도 실천적인 요령을 담은 구체적인 방법을 다양한 사례를 들어 설명했습니다.

마지막으로, 확보한 시간 내에 전략에 따라 효율적인 영어 공부를 위한 구체적인 대책을 '읽기, 듣기, 쓰기, 말하기'의 4가지 영역으로 나누어 소개했습니다.

이 책에서 소개한 영어 공부법 지도를 들고 4가지 요소를 구체적인 대책에 따라 실천한다면, 성과는 확실하게 나타날 것입니다. 그리고 목표도 달성할 수 있을 거예요. 여태까지 중학교, 고등학교, 대학교를 통틀어 10년 동안 혹은 어엿한 사회인이 된 후에 공부한 기간을 합치면 대략 16년 동안 해도 안 됐던 영어를 단 1년만 집중해서 전략적으로 실천하면 내가 바라는 목표만큼의 영어 실력을 얻을 수 있습니다.

영어 뇌, 전략, 시간, 효율, 이 4가지 요소를 향상시키는 '일당영어'를 실천해, 앞으로 1년 후에는 반드시 목표를 달성하시길 바랍니다. 이듬해 오늘을 여러분의 영어 기념일로 축하할 수 있다면, 그것만큼 기쁜 일이 어디 있을까요?

영어가 '어디로든 갈 수 있는 문'을 열어줄 것이다

최근 들어 '교육의 세계화', '배움의 자유화' 같은 움직임이 일고 있습니다. 즉 자기가 태어난 나라에서 또는 거주하는 지역에서만 배워야 하는 시대는 막을 내렸고, 이제는 자기가 있고 싶은 곳에서 좋아하는 것을 자유롭게 배울 수 있는 시대를 맞이하게 되었습니다.

반대로 말하면, 세계 각국의 사람들과 비즈니스 측면만이 아니라, 교육적인 측면에서도 서로 경쟁하면서 학문을 갈고 닦는 시대라는 뜻입니다.

2012년 기준 유네스코의 통계에 따르면, 출신 국가별 해외 유학생 수는 중국이 69만 명으로 압도적인 1위를 차지했고 인도가 19만 명으로 2위, 한국이 12만 명으로 3위입니다. 그 다음은 독일, 사우디아라비아, 프랑스, 미국, 말레이시아, 베트남, 이란 등이 차지하고 있으며, 일본은 3만3천 명으로 22위였습니다. 선두 그룹과 상당한 격차를 보이고 있어요. 이는 일본인이 느끼는 '영어에 대한 장벽'이 유학생 수에도 그대로 반영되었기 때문이라고 생각합니다.

서로 다른 모국어를 사용하지만 영어로는 모두 의사소통이 가능합니다. 의미를 전달하는 것은 물론, 희로애락도 서로 나눌 수 있습니다.

1년 전에는 아무것도 들리지 않는, 마치 베를린 장벽처럼 우뚝 서 있던 '영어의 장벽'이 무너지면서 저는 세상을 바라보는 시야가 단숨에 확대되는 것을 직접 경험했습니다. 그리고 세상을 아는 유익함, 세상 사람들과 연결되는 즐거움을 직접 피부로 느낄 수 있었어요.

영어는 의사소통을 위한 수단일 뿐, 세상에서 가장 많은 사람들이 사용하는 언어에 지나지 않습니다. 그래서 '영어가 뭐 별건가?'라는 발상의 전환에서부터 시작하라고 조언한 것입니다.

물론 영어는 세계 각국의 더 많은 사람들과 연결되어 서로 소통할 수 있는 특별한 도구이기도 합니다. 게다가 지금까지 그럭저럭 학교 교육을 통해 배웠던 기본 지식이 있어서 조금만 노력하면 실전에서 사용할 수 있는 비용 대비 효과 cost performance가 높은 언어이기도 합니다.

영어에 대한 거부감과 특별 의식을 가지고 있는 한, 언제까지고 영어가 세상과 자기를 나누는 '장벽'처럼 무겁게 느껴질 거예요. 하지만 이 책에 그 장벽을 확실하게 없애는 방법이 담겨 있습니다. 일단 그 장벽을 무너뜨리고 나면 더 이상 '장벽'이 아닌, 세상 어느 곳과도 연결되는 도라에몽의 '어디로든 문'이 될 것입니다.

이는 22세기의 머나먼 미래의 이야기가 아닙니다. 단 1년이면, 영어라는 '어디로든 문'은 누구나 손에 넣을 수 있습니다.

마지막으로, 이 책의 편집을 맡아주신 아사히신문출판의 모리스즈카 씨, 출판하는 데 힘써주신 애플시드 에이전시의 토가이 리에 씨에게 이 자리를 빌려 깊은 감사의 인사를 전합니다.

그리고 언제나 저를 격려해주는 사랑하는 아내 키에와 배움의 천재로 공부법에 관한 힌트와 자극을 주는 아이들 마사토, 유이나, 메이나에게도 고마움을 전하고 싶습니다.

모든 사람들이 '어디로든 문'을 손에 넣어서 서로의 장벽을 허물고 세계 인류가 하나의 가족이 되는 날을 꿈꾸며.

모토야마 가쓰히로
本山勝寛

1년으로 끝나는
영어 공부를 위한
1일/1년 계획표

하버드 합격생의 1일 시간표 (평일)			
시각	영어 시간	일과	학습 방법
7:00~7:30	30분	아침 식사	유튜브, TV로 영어 뉴스 보기
7:30~7:40	10분	집에서 지하철역까지 이동	영어 라디오 듣기
7:40~8:40	1시간	출근	단어 암기
8:40~8:45	5분	지하철역에서 회사까지 이동	영어 라디오 듣기
업무 시간			
18:05~18:10	5분	회사에서 지하철역까지 이동	영어 라디오 듣기
18:10~19:10	1시간	퇴근	단어 암기
19:10~19:20	10분	지하철역에서 집까지 이동	영어 라디오 듣기
19:40~20:10	30분	저녁 식사	유튜브로 영어 쇼프로 보기
20:10~21:10	1시간	본격 공부	시험 대비 문제집 풀기
21:10~21:30	20분	목욕	팝송 듣기
21:30~22:00	30분	만화책 읽기	영어 만화책 읽기
22:00~22:30	30분	ESL 영어 수업	유튜브로 ESL 동영상 보기
22:30~23:00	30분	하루의 반성	영어 1분 스피치로 하루 반성하기
23:00~23:10	10분	양치질	SNS에 영어로 일기 쓰기
23:10~		(취침)	
영어 시간 합계	**6시간 30분** (집중 모드 2시간)		

시각	영어 시간	일과	학습 방법
하버드 합격생의 1일 시간표 (주말)			
7:00~7:30	30분	아침 식사	유튜브, TV로 영어 뉴스 보기
7:30~8:30	1시간	ESL 영어 수업	유튜브로 ESL 동영상 보기
8:30~9:30	1시간	본격 공부	시험 대비 문제집 풀기
9:30~10:00	30분	만화	영어 만화책 소리 내어 읽기
10:00~11:00	1시간	스피치	스피치 동영상 보고 따라하기
11:00~12:00		(영화 DVD 대여)	
12:00~12:30		(점심 식사 준비)	
12:30~13:00	30분	점심 식사	유튜브로 영어 쇼프로 보기
13:00~15:00	2시간	영화	영어로 영화 감상
15:00~16:00	1시간	본격 공부	시험 대비 문제집 풀기
16:00~16:30	30분	만화책 읽기	영어 만화책 소리내어 읽기
16:30~17:30	1시간	ESL 영어 수업	유튜브로 ESL 동영상 보기
17:30~18:30	1시간	인터넷 서핑	영어로 필요한 정보 조사
18:30~19:00		(저녁 식사 준비)	영어 라디오 흘려듣기
19:00~19:30	30분	저녁 식사	TV에 영어 부음성 설정해서 뉴스 보기
19:30~20:30	1시간	본격 공부	시험 대비 문제집 풀기
20:40~21:10	30분	음악 감상	유튜브로 영어 가사 확인하며 듣기
21:10~21:30	20분	목욕	팝송 듣기
21:30~22:00	30분	독서	영어책 소리내어 읽기
22:00~22:30	30분	ESL 영어 수업	유튜브로 ESL 동영상 보기
22:30~23:00	30분	하루의 반성	영어 1분 스피치로 하루 반성하기
23:00~23:10	10분	양치질	페이스북에 영어로 일기 쓰기
23:10~		(취침)	
영어 시간 합계	**14시간** (집중한 시간은 7시간 30분)		

하버드 합격생의 1년 시간표		
기간	토플(iBT) 목표 점수	Reading
0~1 개월	60	• 만화책(영) 많이 읽기
1~3 개월	65	• 영어책 한 권 독파하기 • 필요한 정보를 영어로 조사하기 • 영단어 2,000개 암기
3~6 개월	75	• 영어책 많이 읽기 • 필요한 정보를 영어로 조사하기 • 토플 단어 3,800개 1회 훑어보기
6~9 개월	85	• 영어책 많이 읽기 • 영자 신문 및 영어 인터넷 뉴스 보기 • 토플 단어 3,800개 2~3회 훑어보기
9~12 개월	95	• 영어책 많이 읽기 • 토플 단어 3,800개 4~10회 훑어보기 • 영자 신문 및 영어 인터넷 뉴스 보기
1년 후	100	27

	Listening	Writing	Speaking
	• 영어로 음악 듣기 • ESL 동영상 보기 • 영화 보기	• 일기 쓰기	• 만화책(영) 소리내어 읽기 • 영어로 음악 듣기

	• ESL 동영상 보기
	• 듣기 문제집 풀기
	• 영화 보기
	• 유튜브로 오락프로 보기
	• 스피치 동영상 이용하여
	  딕테이션, 섀도잉하기
		• 일기 쓰기
		• 영어로
		  SNS 하기
			• 하루의 반성을 1분간
			  스피치하기
			• 만화책(영) 소리내어 읽기
			• 영어책 소리내어 읽기
			• 스피치 흉내 내기
			• 동영상 섀도잉하기

	• 독파한 책의 오디오북 듣기 • 딕테이션하기 • ESL 동영상 섀도잉하기 • 듣기 문제집 풀기 • 영화 보기 • 유튜브로 오락프로 보기 • 스피치, 〈TED〉 듣기 • 쉬운 영어 뉴스 듣기	• 일기 쓰기 • 시간 재면서 쓰기 연습하기	• 토플 문제 1분 연습하기 • 영어책 소리내어 읽기 • 동영상 섀도잉하기 • 오디오북 섀도잉하기

	• 영화 보기
	• 유튜브로 오락프로 보기
	• 〈TED〉 듣기
	• 대학 강의 듣기
	• 영어 뉴스 듣기
		• 시간 재면서 쓰기
		  연습하기
		• 대학 강의 요약
		  하기
			• 토플 문제 1분 연습하기
			• 스피치 따라하기
			• 동영상 섀도잉하기

	• 패널 토론 보기
	• 해외 대학 온라인 코스
	  이수하기
	• 영화 보기
	• 영어 뉴스 듣기
		• 10분 스피치
		  원고 작성하기
		• 대학 강의 요약
		  하기
			• 10분간 프레젠테이션
			  연습하기

	25	25	23

옮긴이 이지현

이화여자대학교 가정과학부 의류직물학과를 졸업한 후 교환 학생으로 일본여자대학교에서 유학했다. 이화여자대학교 통번역대학원 한일번역과를 졸업했고, 현재 엔터스코리아 일본어 전문번역가로 활동 중이다. 주요 역서로 『부자의 관점』, 『스틸』, 『세계의 법교육』, 『인생에서 가장 소중한 것은 서점에 있다』, 『흘러넘치도록 사랑하라』, 『Win의 거듭제곱』, 『칭찬이 아이를 망친다』 등이 있다.

1년만 닥치고 영어
영포자가 하버드를 가게 된 기적의 독학 훈련

초판 1쇄 인쇄 2017년 06월 16일
초판 4쇄 발행 2017년 08월 14일

지은이 모토야마 가쓰히로 **펴낸이** 장재용
펴낸곳 ㈜오투오 **편집·제작·유통** 다산북스

책임편집 박인애 **크로스교정** 이여홍 **책임마케터** 최혜령, 이승민
콘텐츠개발6팀장 박현미 **콘텐츠개발6팀** 이여홍, 이호빈, 박인애, 김누
마케팅본부 이주화, 정명찬, 이보민, 최혜령, 최혜진, 김선욱, 이승민, 이수인, 김은지
전략기획팀 김상윤
저작권팀 최하나
경영관리팀 허대우, 권송이, 윤이경, 임해랑, 김재경
디자인 김누 **표지·본문 일러스트** 배중열
번역 이지현

출판등록 2005년 12월 23일 제313-2005-00277호
주소 경기도 파주시 회동길 357 3층
전화 02-702-1724(기획편집) 02-6217-1726(마케팅) 02-704-1724(경영관리)
팩스 02-703-2219 **이메일** dasanbooks@dasanbooks.com
홈페이지 www.dasanbooks.com ㅣ teen.dasanbooks.com
블로그 blog.naver.com/dasan_books
종이 ㈜한솔피앤에스 **출력·인쇄** 갑우문화사

ISBN 979-11-306-1298-0 (03320)